ちくま新書

都心集中の真実

――東京23区町丁別人口から見える問題

三浦 展
Miura Atsushi

1338

都心集中の真実——東京23区町丁別人口から見える問題【目次】

第2章　港区と足立区の格差は1・57倍から3・06倍へ
――所得から見た都心集中　049

はじめに

†23区人口は2035年に980万人まで膨張

近年、東京23区内の人口が伸び続けていることは周知の事実である。先頃発表された国立社会保障・人口問題研究所の推計では、23区の人口は2015年の927万2740人から、2020年には20万人以上増えて948万6689人。2025年には963万人、35年には976万7548人でピークに達する。その後微減するが45年でも970万人強であり、15年よりも多いという（24ページ資料）。

言うまでもなく、2045年の人口が15年よりも多いのは東京都だけであり、あとの46道府県はすべて減少する。東京都の中でも市部は2015年以降減少するので、要するに人口が減らないのは23区だけなのだ（図表1）。

23区の中でも増加傾向が激しいのは、千代田、中央、港の都心3区であり、2015年

都心以外では人口は減少していく

図表1　23区と多摩の市部の将来推計人口
(2000年＝100)

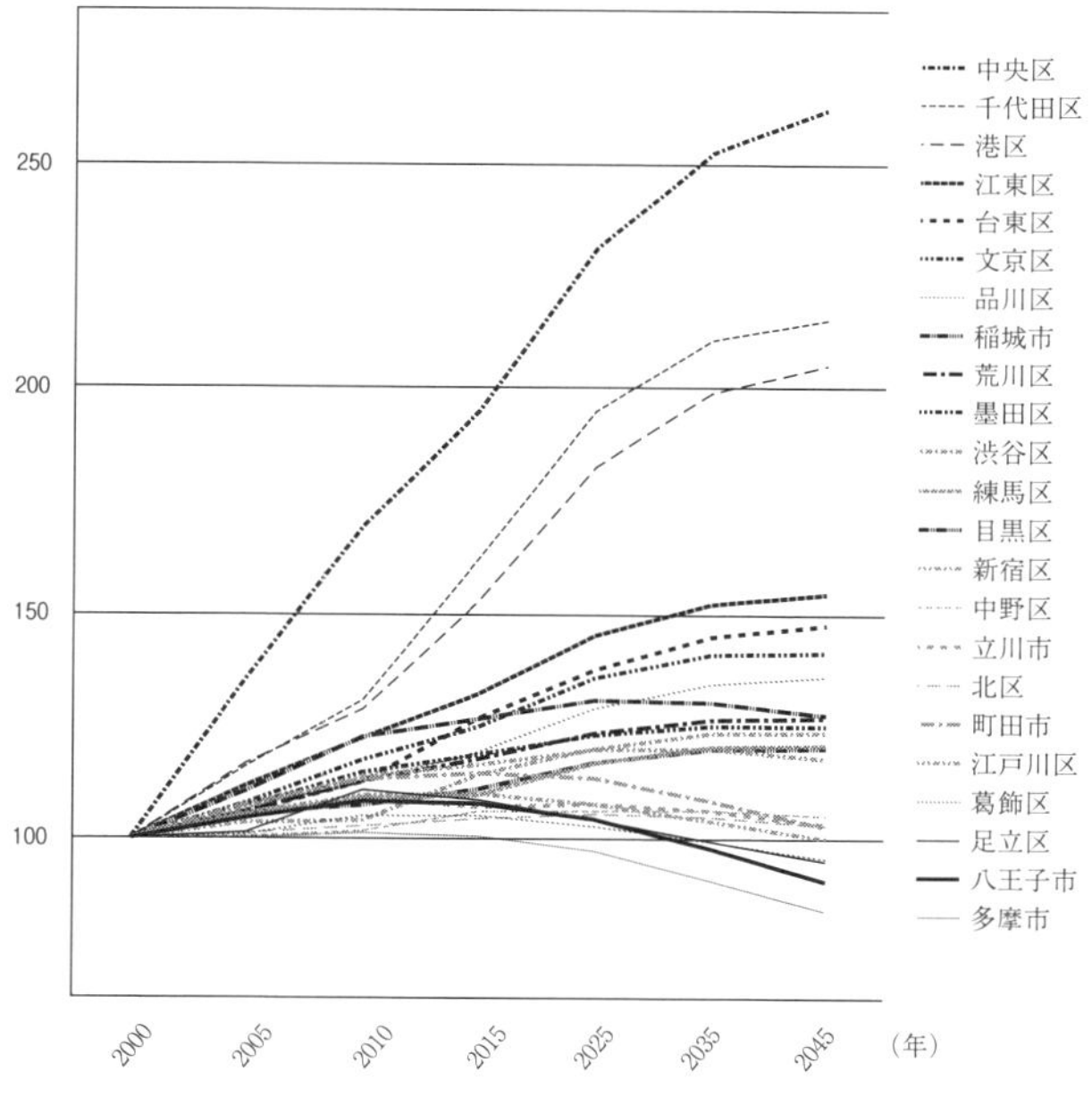

総務省「国勢調査」と国立社会保障・人口問題研究所「将来推計人口」より三浦展作成

から45年までにまだ3割以上人口が増える。次いで江東区であり、17％伸びる。対して、足立、葛飾、江戸川の3区は約1割減少。また、三多摩の市部も8％弱の減少であり、多摩市は17％、八王子市は16％も減少すると推計されている。都心が一人勝ちし、地方も東京の郊外も人口減少、超高齢社会に向かうのである。

もちろんこうした推計は過去のトレンドを反映しているので、この15年間で人口が増えた地域が今後も増えると推計されがちである。現実には政策の変化、地震災害などの天変地異などにより、都心の人口がもっと早く減ることもあり、郊外の人口が（特定の地域で）また増え始める可能性もある。

実際、東京都政策企画局の推計では、東京都の人口は2025年に1398万人でピークを迎える（図表2。なお最新推計では1402万人）。人口問題研究所の推計とは10年ピークがずれている。また中央区が独自に中央区の人口を予測した資料では2025年に20万人を超え、2035年に25万人強でピークとなる予測であり、45年まで人口増加しつづけるとする人口問題研究所の予測より伸びは急激であるがピークは早い。

23区の人口は当分減らない

図表２　全国と東京都の人口の推移と予測（2005-60年）

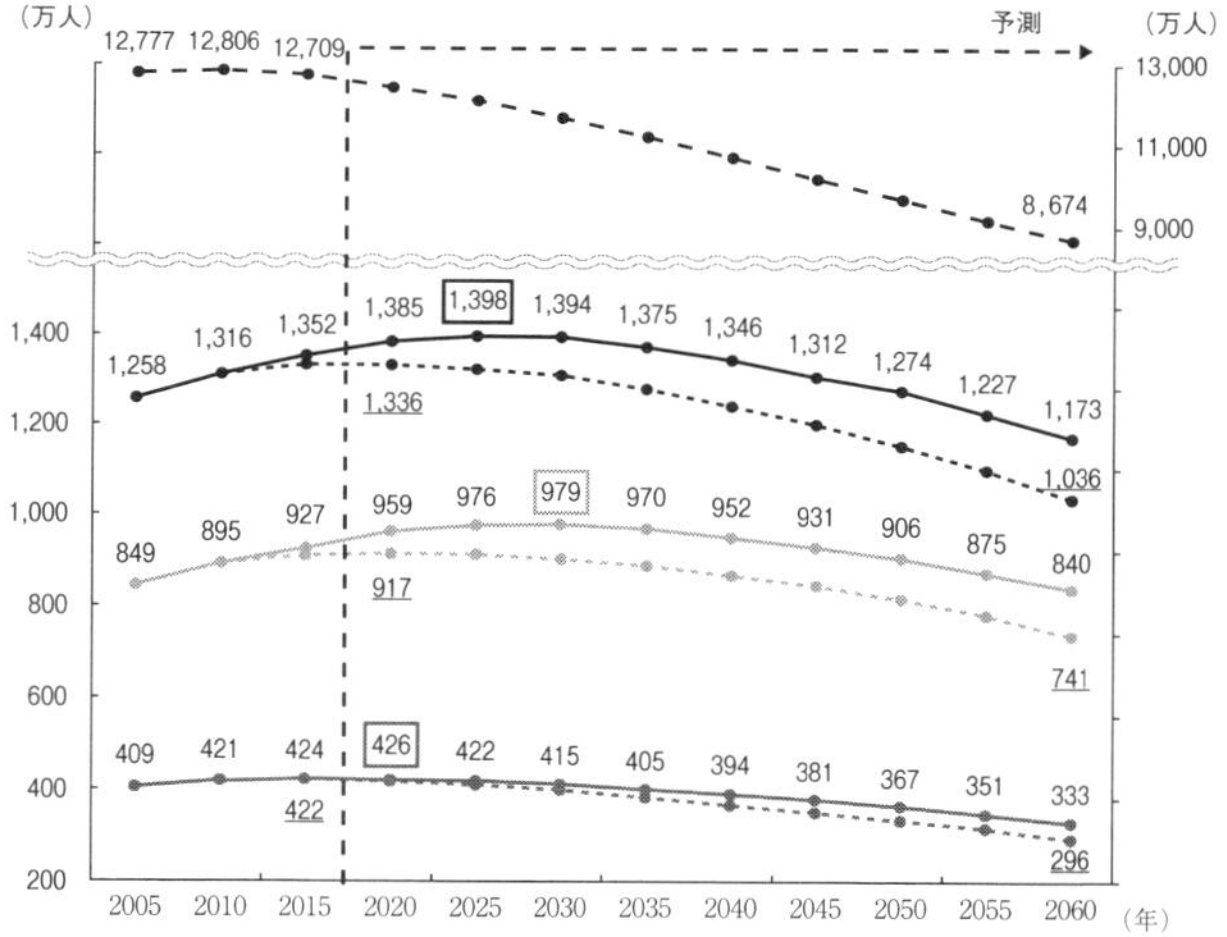

（資料）「国勢調査」（総務省）、「日本の将来推計人口（平成24年1月推計）」（国立社会保障・人口問題研究所）等より作成

（備考）2020年以降の東京の人口は東京都政策企画局による推計

出所：東京都政策企画局

2000年代に入って人口が増え続けている

図表3　東京23区の人口の推移（1957-2017年）

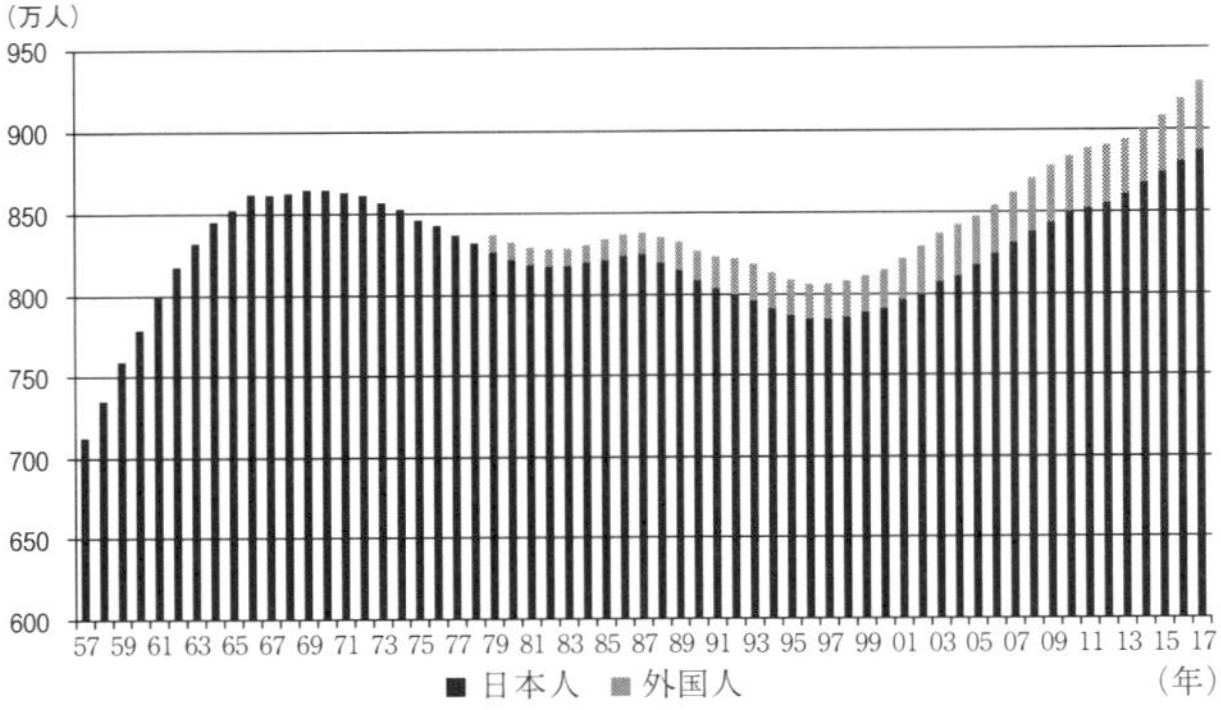

住民基本台帳より三浦展作成

23区人口増加の理由は外国人、女性、子ども、金持ち

23区の人口のこれまでの推移を概観すると、戦争中から戦後の復興期を除けば、近代以降基本的に増加の一途をたどっていた。しかし高度経済成長期、団塊世代の流入により1969年に一度ピークを迎え、その後人口が減少した。郊外で住宅供給が進み、ファミリー層が郊外に家を買ったためである（図表3）。

さらに1970年代以降は、団塊世代が結婚、出産し、やはり郊外に流出した。このため1982年には人口が817万人にまで減少していた（日本人だけの数字）。それが80年代半ばにかけてまた回復したのだが、86年以降の地価高騰により再び減少。96年には78

5万人にまで落ち込んだ。

その後また増加に転じ、特に2000年代以降は伸びが大きく、現在は史上最大の人口を更新し続けているのである。

こうした近年の人口増加の理由としては、
① 外国人が増加している。
② 金持ちが特に都心で増加している。
③ 女性、特に若い女性が増加している。
④ 子どもが増加している。つまりファミリー層も増加している。
の4つがある。

この4点について主に2000年以降の動向を分析するのが本書の趣旨であり、しかもできるだけ町丁別《ちょうちょうべつ》に、つまり○○町の○丁目という単位で詳しく分析することにしたい。

†ウォーターフロント開発の成果

たとえば、2005年から15年の人口の伸びを実数で町丁別に見ると、港区芝浦4丁目で1万人以上も増えたほか、江東区東雲《しののめ》1丁目、有明1丁目、豊洲3丁目で8000人前後増えているなど、湾岸部でのタワーマンション建設による影響が顕著なことがわかる。

これはひとえに隅田川沿い、東京湾岸などウォーターフロントでタワーマンション建設などによって住宅供給が行われてきたことに起因することは言うまでもない（第3章参照）。

また人口が500人以上増えた町丁を地図にすると、その分布する地域はウォーターフロントに集中しているだけでなく、ほぼすべてが旧東京市の15区の中に収まっている（図表4）。

それに対して、人口が減少した町丁を見ると、江戸川区春江町4丁目、板橋区高島平2丁目、北区赤羽台1丁目、品川区八潮5丁目、足立区花畑5丁目、江戸川区清新町1丁目、品川区西品川1丁目、足立区江北4丁目、練馬区光が丘2丁目、江戸川区東瑞江《ひがしみずえ》2丁目、世田谷区上用賀4丁目、港区北青山3丁目で約900人以上が減少している。

それ以下でも、やはり多くは古い大規模団地のある地域か、駅前の木造密集地域を再開発した地域であることから、高齢者が転出あるいは死亡し、それに代わる現役世代が転入して来ないことが減少の理由であろう（団地の建て替えで一時的に減少した地域もあるかもしれないが、そこまでは本書では調査しきれていない）。

人口が300人以上減少した町丁を地図にすると、人口増加の地図とはまったく対照的に旧東京市の外側に分布が広がっている（図表5）。旧東京市の外側とは、後に掲載する地図（凡例2）に見るように1932年に東京市に編入されて区となった地域であり、大正から昭和初期にかけての東京の人口増加に対応して住宅地化、市街地化した地域である。いわば東京の20世紀の発展を支えた地域とも言えるのだが、それらの地域ですら人口減少する町丁が頻出しているというのは、時代の変転を感じさせて、なかなか感慨深い。

このように近年の23区の人口増加は、主として都心3区と江東区の、特にウォーターフロントのマンション建設によるものであるが、こうしたウォーターフロント開発は、第3章でも触れるように1980年代に端を発するものである。

中曽根首相の民間活力導入政策により、オイルショック以降に凍結されていた大規模都市再開発計画が復活し、特に、高度経済成長を牽引したウォーターフロントの重厚長大産業の工業地帯を、新しい時代に向けて作り替えることが重大な課題となった。東京湾横断道路もそのとき計画の実行が宣言されたものだ。

鈴木俊一都知事のマイタウン構想もそうした流れの中にあり、東京の西側郊外の住宅開発を重視していたそれまでとは反対に、都心部やその東側のウォーターフロント開発を重視したのである。青島都知事によって中止されたが、世界都市博覧会を開催して、お台場、

湾岸、都心、副都心で人口の伸びが大きい

図表4　2005-15年に人口が500人以上増加した23区の町丁

国勢調査小地域集計より三浦展作成（Mioto Tsuruta 作図）

都心・副都心以外の北部、東部で人口減少が大きい

図表５　2005-15年に人口が300人以上減少した23区の町丁

国勢調査小地域集計より三浦展作成（Mioto Tsuruta 作図）

1966年頃の豊洲埠頭（青木満『昭和30年・40年代の江東区』三冬社、2010年、p12）

有明、豊洲の開発を進める予定であったし、2020年東京オリンピック、パラリンピックも、ウォーターフロント開発の視点から見れば、その世界都市博覧会の代わりに行われるという面がある。

そもそも明治以来のお台場、月島の開発以来、東京都にはウォーターフロントを開発したいという強い欲望がある。戦前には紀元二六〇〇年を記念した東京オリンピックと万博を晴海《はるみ》、豊洲、台場で開催する計画もあったし、晴海に都庁を移転する計画があったほどである。少し場所が離れるが江東区（旧・城東区）砂町には沖合を埋め立てて国際的な飛行場を建設する計画もあった。こうしたウォーターフロント開発の姿勢が現代も一貫して続いているのである。

ウォーターフロントだけではないが、鈴木都政の一環として90年代にできた江東区の東京都現代美術館、東京辰巳《たつみ》国際水泳場、足立区の東京武道館なども、東側重視の開発の事例である。現代美術館については、第3章でも触れるが、現在の清澄白河人気の大もとになったとも言える施設だ。

このように、東京の過去30年はまさにウォーターフロント開発の30年であり、タワーマンションがウォーターフロントに多数建設されることによって、都心の人口を急増させることに成功したのである。そもそも今から30年前には、都心の機能集中が限界にきたと言われ、首都機能を郊外に移転するとか、首都自体を地方に移転するという構想すらあったが、いつのまにか立ち消え、都心集中が再び起こったのだ。新宿など副都心への機能分散すらたいして行われず、むしろ日本橋、丸の内から田町、品川にかけての東側開発が近年は盛んである。

†都心集中はいつまでも続いていいのか?

だが果たして都心再開発による人口誘導はいつまで続くのだろうか。大地震、テロ、パンデミックなどのリスクを想定すると、あまりに多くの人口が都心に集中するのは危険である。しかも働き盛りの世代とその子どもが多く住むのである。何かあったときに、彼らが死傷するのは国家としても大きな損失である。

そもそも大正時代以来、東京が郊外に住宅地を開発した理由の一つはコレラの流行である。インド発祥でイギリスが世界に広めたというコレラは、明治以降日本でもしばしば流行し、主に下町で多くの死者を出した。だから、西側の高台の上に住宅地をつくることが課題となったのである。渋沢栄一の妻もコレラで死んでおり、これが渋沢が郊外に田園都市を構想した理由の一つではないかと私は考えている。

だから、オリンピックが終わり、2030年を見越すと、団塊世代は80代となり、団塊ジュニアも60歳になんなんとし、超高齢、超人口減少で、郊外には空き家が増えている。するとさあ、そろそろ衰退した郊外にも手を付けてまたひともうけするかと、政府もデベロッパーも腰を上げるということになるのではないか、と私は予想している。まあ、その前に地震が来ないといいのだが。

実際、日本経済新聞もこの春ごろから都心集中に対して批判的な、というほどでもないが、批評的な記事を書くようになってきた。

2018年4月1日の記事では「大規模マンションが集中する地域で、教育現場に人口急増のゆがみが生じている」として「中央、港など湾岸4区では、公立小学校の新築・増改築費用が10年前の22倍に膨張した」という同紙の調査結果を明らかにしている。

そして「さらに悩ましいのは、増築では児童の密度が高まり、教育環境が悪化することだ」として、「8割の学校が児童数に応じた適切な運動場の広さを確保でき」ず、文部科学省が定めた運動場の設置基準に対して4区では「全小学校の8割が設置基準を満たさず、3割強が基準の半分以下の面積しかなかった」と報ずる。

都心の学校の運動場の面積を増やすことは難しいだろうから、やはり23区内の近郊や三多摩などの郊外を（ただし、すべての郊外ではなく、選ばれた郊外を）再整備することになるのではないかと思う。

だから本書も、都心集中を分析しながら、やはり私の本職である郊外についても横目で見つつ東京圏全体を考えることになるだろう。どちらか一方だけ考えるということは不可能だからである。

凡例1　2018年現在の東京23区

凡例2　1932年に成立した東京市35区

太線が35区になる以前の旧東京市15区の範囲。
麹町区、神田区：現在の千代田区
赤坂区、麻布区、芝区：現在の港区
本郷区、小石川区：現在の文京区
深川区、城東区：現在の江東区
王子区、滝野川区：現在の北区
大森区、蒲田区現在の大田区
日本橋区、京橋区：現在の中央区
浅草区、下谷区：現在の台東区
牛込区、四谷区、淀橋区：現在の新宿区
本所区、向島区：現在の墨田区
品川区、荏原区：現在の品川区

資料　23区と多摩の市部の人口推移と将来推計人口

	2010年	2015年	2025年	2035年	2045年	増減 2045/15
23区	**8,945,695**	**9,272,740**	**9,632,446**	**9,767,548**	**9,702,134**	**4.6%**
千代田区	47,115	58,406	70,113	75,920	77,589	32.8%
中央区	122,762	141,183	167,587	183,420	190,496	34.9%
港区	205,131	243,283	290,563	316,730	326,876	34.4%
新宿区	326,309	333,560	343,397	344,139	337,805	1.3%
文京区	206,626	219,724	238,960	248,115	248,930	13.3%
台東区	175,928	198,073	215,132	226,492	230,532	16.4%
墨田区	247,606	256,274	265,666	270,151	270,049	5.4%
江東区	460,819	498,109	547,075	572,698	581,259	16.7%
品川区	365,302	386,855	418,580	436,294	441,669	14.2%
目黒区	268,330	277,622	292,293	299,798	300,475	8.2%
大田区	693,373	717,082	746,435	755,705	749,865	4.6%
世田谷区	877,138	903,346	920,737	926,681	914,434	1.2%
渋谷区	204,492	224,533	235,939	242,850	243,151	8.3%
中野区	314,750	328,215	328,614	328,978	325,585	−0.8%
杉並区	549,569	563,997	582,753	593,666	590,071	4.6%
豊島区	284,678	291,167	292,783	295,577	293,799	0.9%
北区	335,544	341,076	344,551	342,553	336,281	−1.4%
荒川区	203,296	212,264	222,749	228,184	229,050	7.9%
板橋区	535,824	561,916	596,384	610,865	610,486	8.6%
練馬区	716,124	721,722	768,303	792,365	794,663	10.1%
足立区	683,426	670,122	643,199	613,390	586,011	−12.6%
葛飾区	442,586	442,913	433,003	418,734	402,831	−9.0%
江戸川区	678,967	681,298	667,630	644,243	620,227	−9.0%
市部	**4,127,128**	**4,157,706**	**4,136,597**	**4,015,396**	**3,843,113**	**−7.6%**
八王子市	580,053	577,513	559,097	524,333	484,514	−16.1%
多摩市	147,648	146,631	141,746	132,191	122,287	−16.6%

総務省「国勢調査」と国立社会保障・人口問題研究所「日本の地域別将来推計人口（平成30［2018］年推計）」より三浦展作成

第 1 章

大久保1丁目では20歳の87%が外国人!!

――外国人から見た都心集中

1　23区人口は日本人が67万人増加、外国人は29万人増加

†中国人が16万人に増えた

先日私が新宿で電車に乗ると、インド人と思しき親子が乗ってきた。母親は母国語を話していたが、子どもは日本語で母親に話していた。すでに長く日本で育っているからであろう。こういう光景を目にした人は多いはずだ。2017年に東京都内で出生した外国人は3452人であり、「二世」も増えているのである。

23区在住の外国人は1985年からずっと着実に増えている（図表1−1）。85年を起点として増減を見ると、2017年は85年より29万人増えているのだ。同時期に日本人は67万人増であるから、23区の人口増加に外国人が相当貢献したのである（図表1−2）。

区ごとに見ると、1980年までは足立区で外国人数が最多だったが、その後、港区が増え、2000年代からは新宿区、江戸川区、豊島区などで増え、現状では新宿区、江戸

人口増加に外国人が相当貢献している

図表1－1　23区の外国人数の推移

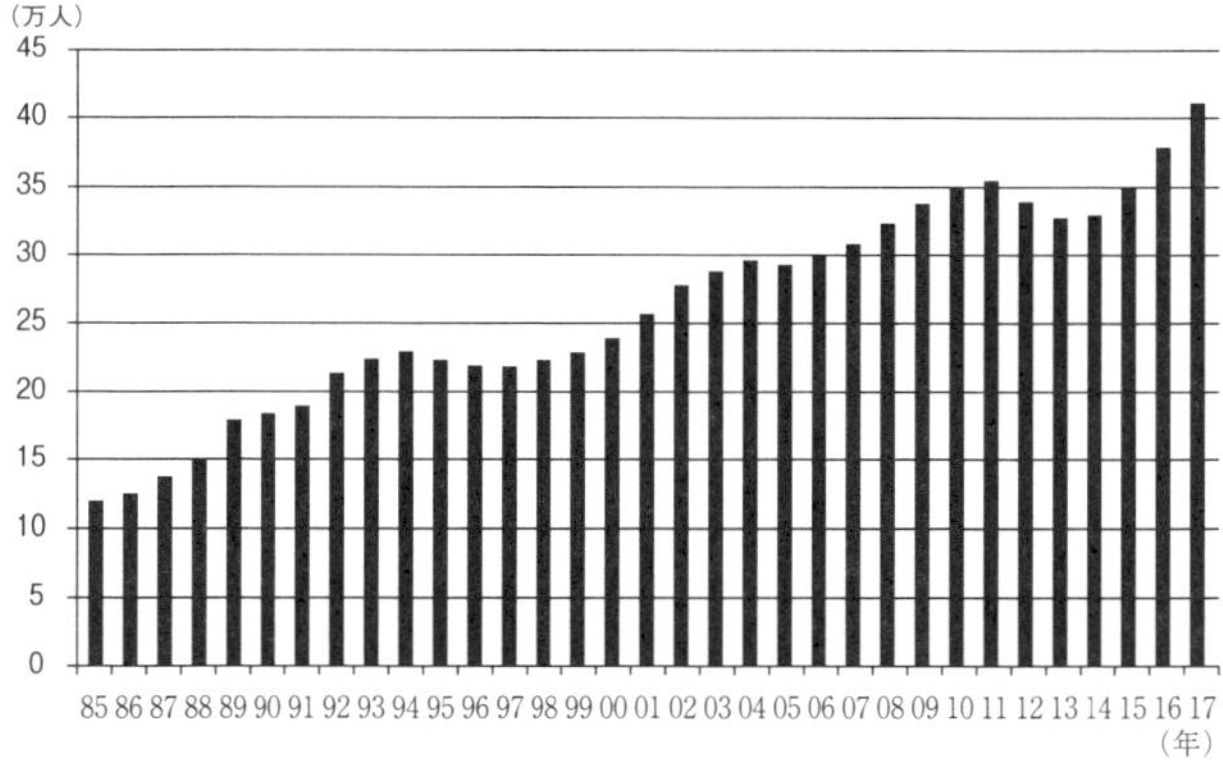

東京都資料より三浦展作成

図表1－2　23区の日本人と外国人の1985年からの増加数

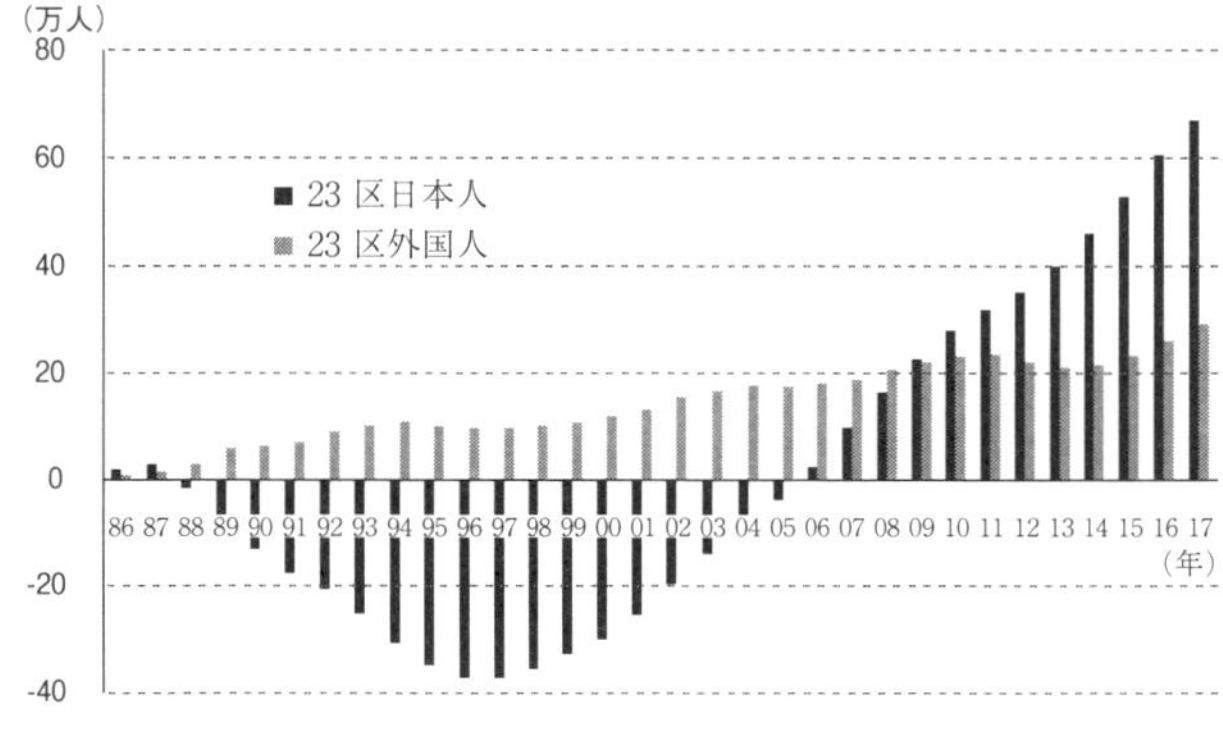

東京都資料より三浦展作成

新宿区を中心に伸びが大きい外国人数

図表1－3　23区の外国人数の推移（上位の区のみ）

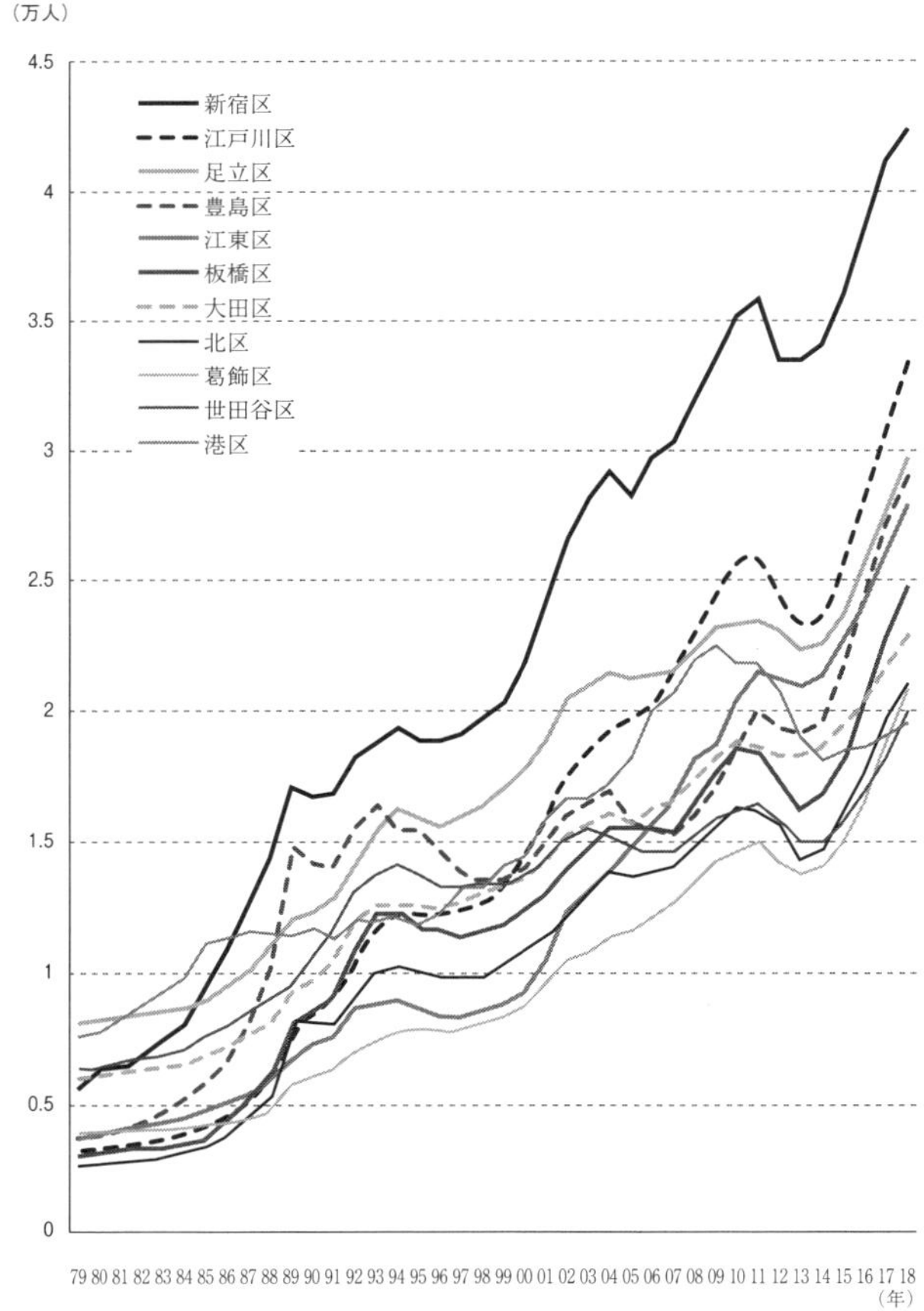

東京都資料より三浦展作成

先進国の大都市に比べれば比率は少ない
図表1－4　23区の外国人比率

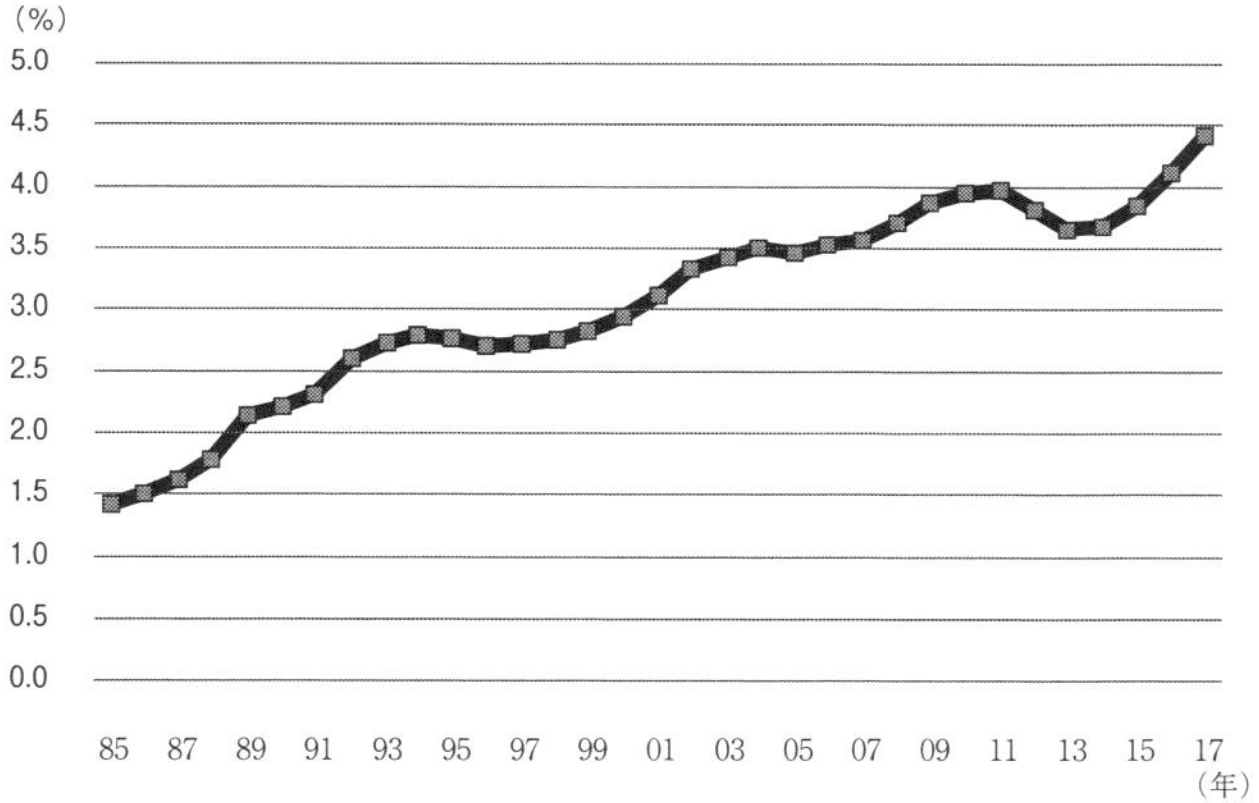

東京都資料より三浦展作成

中国人の増加が激しい
図表1－5　23区の国籍別外国人数（上位6カ国）

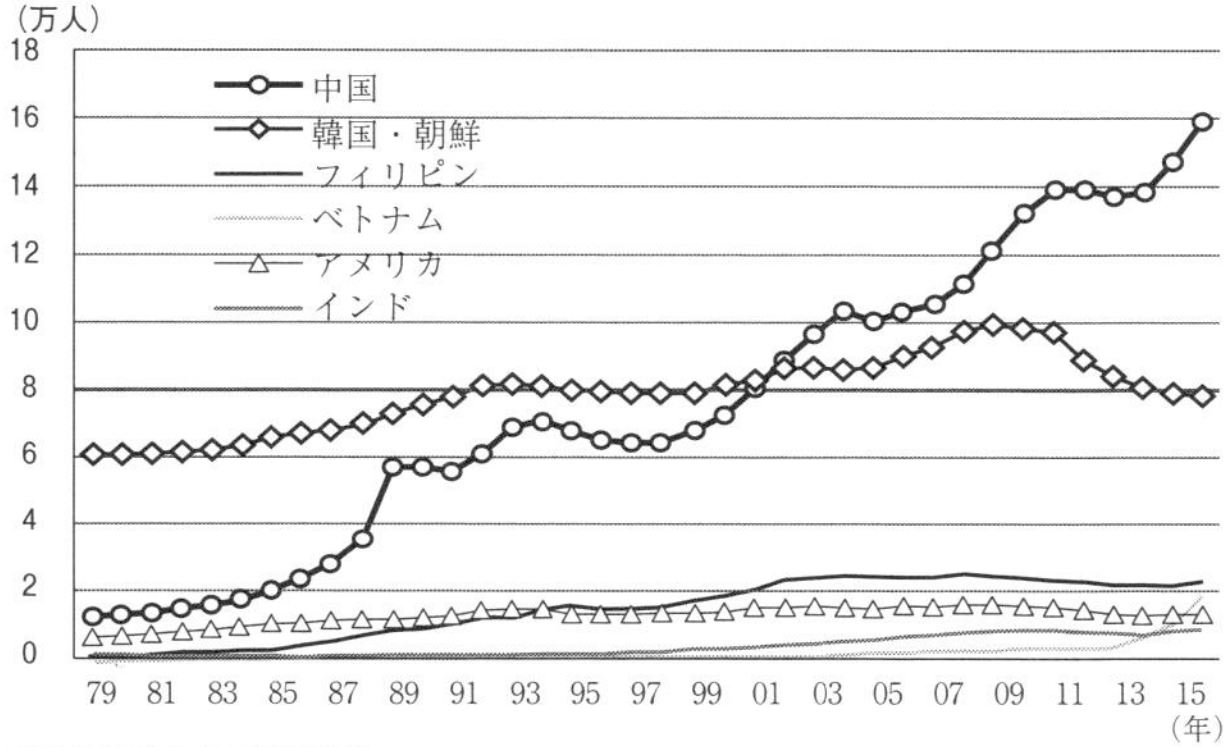

東京都資料より三浦展作成

川区、足立区、豊島区、江東区の順に外国人数が多くなっている（図表1－3）。新宿、豊島という副都心、江東という都心隣接区、板橋という副都心隣接区で外国人数が多いと言える。

また人口総数に対する外国人比率は1・4％から4・4％に増加した。とはいえ、先進国の大都市では外国人比率が3割を超していると言われており、それと比べるとまだ非常に少ない（図表1－4）。区ごとで見れば新宿区は9・1％、豊島区は7・7％などとなっているが、先進国の大都市よりはずっと少ない。

国籍別に見ると、近年中国人の増加が激しく、中国人は1979年の1万2104人から2016年は15万9561人に増え、韓国の2倍以上になっている（図表1－5）。またベトナム、インドも増えている。フィリピン人は一時の勢いはないが、ベトナム、インドよりは多く、2万2000人ほどいる。

国籍別に区の人口を見ると、外国人総数では新宿区が1位、そして江戸川、足立、豊島、江東と続く（図表1－6）。

中国人は江戸川区が1位、次いで新宿、江東、板橋、豊島。

韓国人は新宿区が1位、次いで足立、荒川、江戸川、江東。

フィリピン人は足立区が1位、ついで江戸川、大田、葛飾。

ベトナム人は新宿区が1位、次いで豊島、江戸川、北。

インド人は江戸川区がダントツで1位であり、次いで江東、台東、港、世田谷となる。品川、中央も上位に来るところから、インド人は他のアジア人とは異なり、ホワイトカラーが多いと思われるが、その点は後述する。

†新宿区大久保、豊島区池袋、江戸川区清新町は外国人街化し始めている

また、国勢調査小地域集計により、外国人が500人以上住んでいる町丁を地図にしてみると、新宿区大久保周辺、豊島区池袋周辺、荒川区日暮里周辺、また江東区から江戸川区にかけて広がりがあることがわかる（図表1-7）。

このように、外国人比率はまだ少ない23区であるが、町丁別に見ると局所的に外国人が多い地域が生まれてきている。

人口に占める外国人の比率で見ると、江東区青海《あおみ》2丁目がダントツで多い。ただし国際研究交流大学村東京国際交流館があるためだ。駒場4丁目は東京工業大学駒場留学生会館、代々木神園町は国立オリンピック記念青少年総合センターがあるために外国人比率が高く

フィリピン		ベトナム		インド	
足立区	3,495	新宿区	3,556	江戸川区	3,225
江戸川区	2,590	豊島区	3,237	江東区	1,819
大田区	2,326	江戸川区	1,774	台東区	692
葛飾区	1,541	北区	1,556	港区	623
江東区	1,520	荒川区	1,525	世田谷区	445
板橋区	1,386	中野区	1,517	品川区	409
墨田区	1,283	板橋区	1,238	中央区	267
港区	1,021	杉並区	1,108	大田区	252
練馬区	980	大田区	1,053	新宿区	227
世田谷区	812	足立区	968	目黒区	189
北区	798	葛飾区	869	渋谷区	172
品川区	765	台東区	818	北区	158
新宿区	756	江東区	793	豊島区	136
台東区	709	世田谷区	612	足立区	126
荒川区	522	文京区	579	練馬区	123
目黒区	496	練馬区	551	板橋区	117
豊島区	473	墨田区	484	杉並区	103
中野区	439	品川区	408	中野区	98
杉並区	439	渋谷区	239	荒川区	98
渋谷区	316	中央区	166	墨田区	93
文京区	229	港区	128	文京区	90
中央区	138	目黒区	115	葛飾区	78
千代田区	53	千代田区	42	千代田区	66

国籍により異なる居住区

図表1－6　主な国籍の外国人の23区別人口

総数		中国		韓国	
新宿区	41,235	江戸川区	13,735	新宿区	10,034
江戸川区	30,827	新宿区	13,236	足立区	7,251
足立区	27,417	江東区	12,796	荒川区	5,225
豊島区	27,060	板橋区	12,157	江戸川区	4,331
江東区	26,077	豊島区	11,948	江東区	4,324
板橋区	22,667	足立区	11,364	世田谷区	4,028
大田区	21,599	葛飾区	9,649	練馬区	3,897
北区	19,552	北区	9,520	大田区	3,442
港区	18,992	大田区	7,485	港区	3,369
葛飾区	18,768	荒川区	7,147	台東区	3,221
世田谷区	18,196	練馬区	6,564	葛飾区	3,043
荒川区	17,831	台東区	6,198	板橋区	2,867
練馬区	16,422	中野区	5,528	中野区	2,792
中野区	15,693	墨田区	5,271	杉並区	2,546
台東区	14,600	杉並区	4,716	豊島区	2,416
杉並区	14,543	世田谷区	4,691	北区	2,349
品川区	11,742	品川区	3,860	品川区	2,248
墨田区	11,495	文京区	3,645	墨田区	1,946
渋谷区	9,825	港区	3,525	文京区	1,725
文京区	9,174	中央区	2,483	目黒区	1,528
目黒区	8,094	渋谷区	1,665	渋谷区	1,518
中央区	6,176	目黒区	1,525	中央区	1,228
千代田区	2,665	千代田区	1,098	千代田区	413

東京都住民基本台帳より三浦展作成

大久保、池袋、東側下町に外国人が多い

図表1－7　23区内の外国人500人以上の町丁

国勢調査小地域集計より三浦展作成（Max Miura 作図）

タワマンや公営住宅のある地域などで外国人比率が高い

図表1－8　23区内の外国人比率20％以上の町丁

市区町村名	大字・町名	字・丁目名	人口総数	外国人数	外国人比率
江東区	青海	2丁目	1,035	777	75.1%
港区	愛宕	2丁目	512	206	40.2%
新宿区	大久保	1丁目	4,402	1,703	38.7%
葛飾区	西新小岩	2丁目	963	364	37.8%
新宿区	百人町	1丁目	4,443	1,495	33.6%
千代田区	神田佐久間河岸		119	39	32.8%
港区	赤坂	1丁目	533	174	32.6%
新宿区	百人町	2丁目	5,004	1,598	31.9%
新宿区	大久保	2丁目	8,442	2,650	31.4%
渋谷区	代々木神園町		160	46	28.8%
港区	六本木	6丁目	1,528	417	27.3%
文京区	後楽	1丁目	759	203	26.7%
新宿区	河田町		2,905	752	25.9%
台東区	上野	2丁目	174	45	25.9%
新宿区	戸塚町		226	56	24.8%
台東区	東上野	2丁目	824	202	24.5%
豊島区	東池袋	1丁目	1,136	262	23.1%
豊島区	池袋	1丁目	2,587	595	23.0%
豊島区	池袋	2丁目	6,353	1,440	22.7%
目黒区	駒場	4丁目	1,609	360	22.4%
台東区	上野	6丁目	287	64	22.3%
豊島区	池袋	4丁目	3,643	800	22.0%
中央区	京橋	2丁目	170	37	21.8%
新宿区	百人町		17,668	3,798	21.5%
港区	六本木	1丁目	2,224	477	21.4%
台東区	上野	5丁目	689	146	21.2%
港区	赤坂	5丁目	835	176	21.1%
新宿区	下落合	1丁目	2,537	525	20.7%
港区	元麻布	3丁目	1,633	328	20.1%

国勢調査小地域集計より三浦展作成

なっている（図表1-8）。

港区愛宕2丁目、赤坂1丁目、六本木、赤坂、元麻布も高いが、これはみな最近タワーマンションができた地域なので、そうしたマンション住まいのアッパーなクラスだろう。いずれにしろ、特殊な建物による影響である。

その他の地域でも、公営住宅に外国人が住みやすくなっていると思われるケースも少なくない。

上野5、6丁目はアメ横であり、東上野2丁目はその東側一帯である。昔からキムチ横丁と言われる街区があり、在日朝鮮韓国人が多いものと思われる。おそらく現在は他のアジア系の人々も増えているのだろう。

2 外国人密集地域はどこか?

外国人比率が高い港区愛宕のタワーマンション

†江戸川区では日本人よりインド人のホワイトカラー率が高い

インド人の数が増え、江戸川区に最も多くインド人が住んでいることは先に見た。特に江戸川区清新町は、駅で言うと東西線の西葛西駅だが、URの団地などにインド人がたくさん住んでいるのである。実際に行ってみると、夕方のスーパーにインド人の母と子どもが買い物をする姿を簡単に見つけることができる。

西葛西にはインド人が増えている

江戸川区のインド人は日本橋などに勤めるディーラーなどの専門職が多く、江戸川区全体の日本人を含めた就業者数に占める専門的・技術的職業の比率よりも、外国人、特にインド人のほうが就業者数に占める専門的・技術的職業の比率が高いのだ（図表1-9。西葛西駅周辺にインド人専門職が増えた事情については、章末のチャンドラニさんへのインタビュー参照）。

江戸川区のインド人は江戸川区全体よりずっと専門職比率が高い

図表1－9　江戸川区の就業者の職業別比率（2015年）

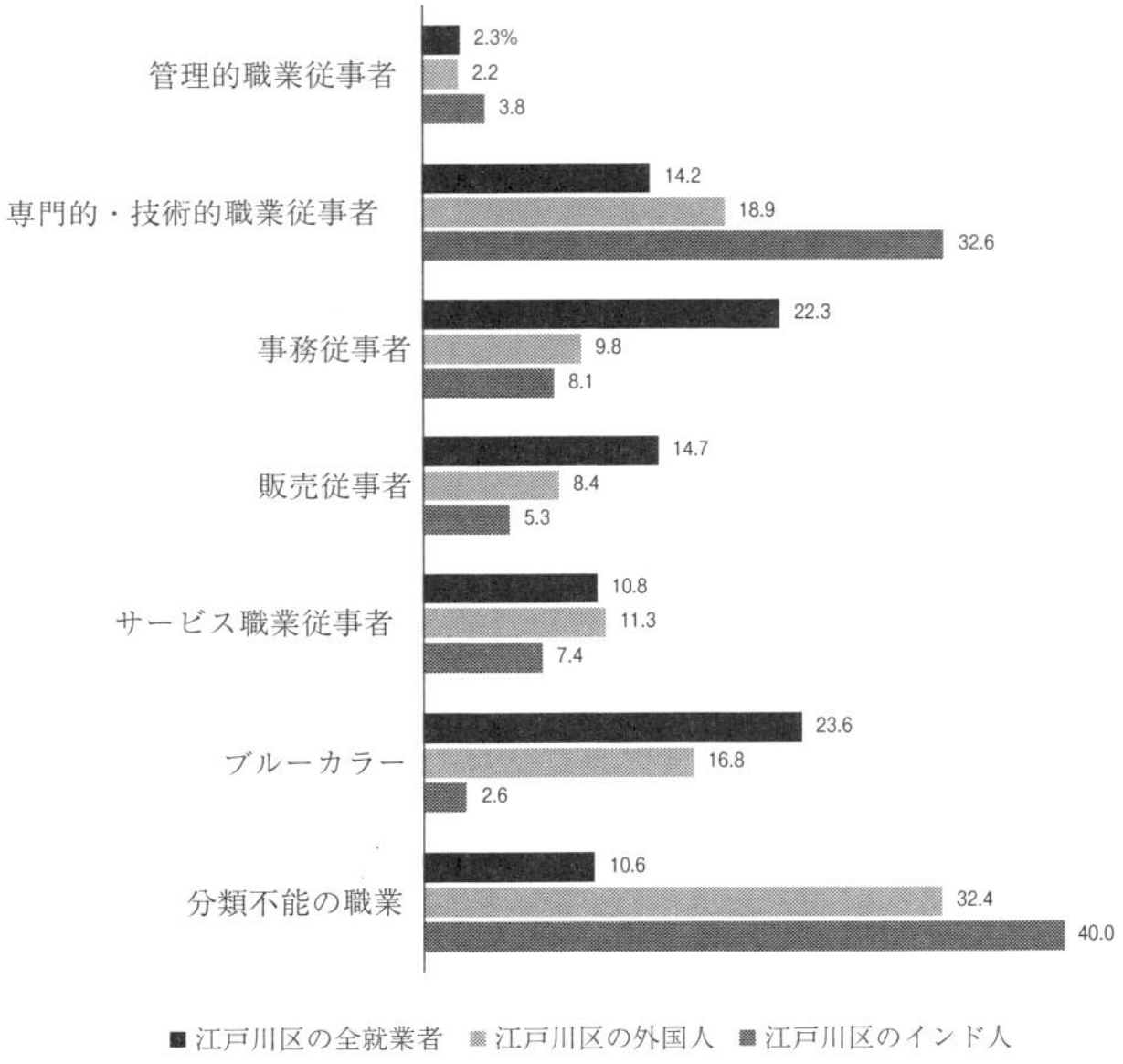

注1：保安の職業と農業はごくわずかなので除いた
注2：本書におけるブルーカラーとは、日本標準職業分類における「生産工程従事者」「輸送・機械運転従事者」「建設・採掘従事者」「運搬・清掃・包装等従事者」の合計を指す
国勢調査より三浦展作成

反対に、インド人では、販売、サービス、ブルーカラーの就業者の比率は低い。23区全体でも、インド人はイギリス、アメリカ人に次いで専門的・技術的職業が多い。それに対してフィリピン人、タイ人は、サービス業が多い（図表1－10）。かつ、フィリピン人、タイ人は就業者の多くが女性である。フィリピン人、タイ人はホステスなどが多いため、男性よりも女性就業者のほうがずっと多いのである（図表1－11）。対してインド人は人口の多くが男性である。男性が多いのも、イギリス、アメリカについでインドの傾向であり、インドネシアもそうである。つまりホワイトカラーを中心にした就業者が多く、かつ夫婦で来日した場合は女性が日本で働けないために、男性比率が高くなるのである。

†25―34歳人口のうち、5割以上が外国人の地区もある

さて、外国人の中でも年齢の若い世代に限ると、外国人比率が3割、あるいは5割を超す地域が現れる。たとえば新宿区百人町1、2丁目、大久保1、2丁目では、25―34歳の人口のうち、5割以上が外国人である（図表1－12）。

豊島区池袋1丁目、2丁目、4丁目、東池袋1丁目、高田3丁目、北大塚2、3丁目で

インド人は英米に次いで専門職比率が高い
図表１-10　23区の外国人就業者の職業別比率

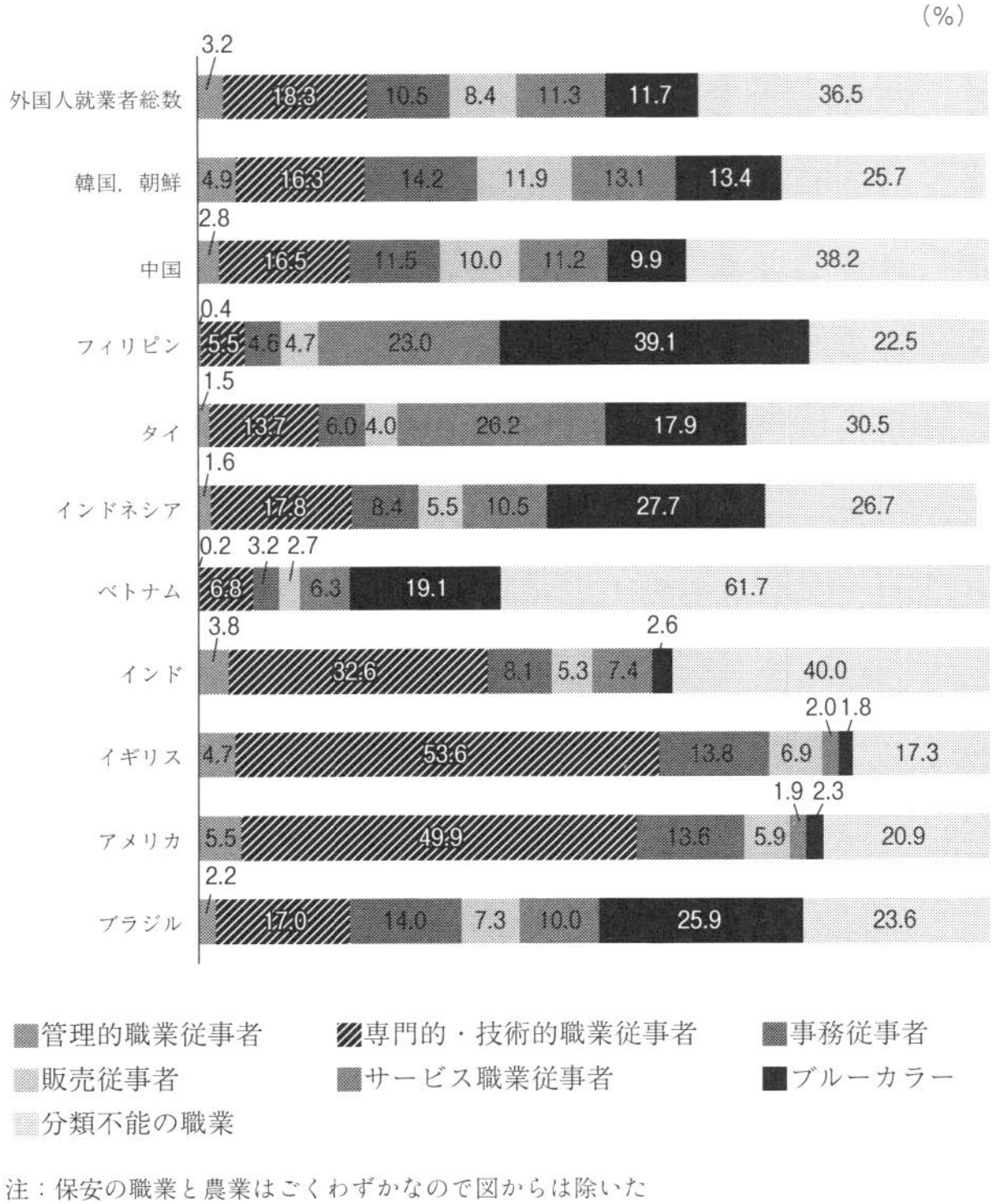

注：保安の職業と農業はごくわずかなので図からは除いた
国勢調査より三浦展作成

フィリピン、タイ人は女性比率が高い
図表1-11　23区の外国人就業者の男女別人数と男女比

	男性	女性	男性に対する女性比（男性=100）
外国人就業者総数	51,478	45,083	87.6
韓国，朝鮮	11,925	10,630	89.1
中国	16,154	18,391	113.8
フィリピン	876	4,987	569.3
タイ	396	1,083	273.5
インドネシア	415	202	48.7
ベトナム	1,603	1,075	67.1
インド	1,567	362	23.1
イギリス	1,425	283	19.9
アメリカ	3,352	901	26.9
ブラジル	360	281	78.1

国勢調査より三浦展作成

も、25―34歳の3割以上が外国人である（図表1－13）。

そして1歳ごとに見ると、20歳前後が最も外国人比率が高い。学生や研修生がいるからである。彼らはその後本国に戻るので25歳以降では外国人比率が少し下がる。それにしても新宿区の20歳の45％が外国人だとは驚く。

当然、町を絞って1歳ごとに見れば外国人比率はもっと高まる。新宿区大久保1丁目と豊島区池袋2丁目の年齢別外国人比率を図にしてみた（図表1－14）。大久保1丁目では20歳の87％が外国人、池袋2丁目では79％が外国人である！

このように町を限定し、年齢を限定すると、東京の中にも小さなニューヨークやパリ、ロ

大久保・池袋周辺では若い世代の５割以上が外国人だ

図表１-12　新宿区の25-34歳の外国人比率25％以上の町丁

	25-34歳 人口総数	25-34歳 外国人数	外国人比率
百人町２丁目	1,267	740	58.4%
百人町１丁目	1,114	645	57.9%
大久保１丁目	1,154	641	55.5%
大久保２丁目	2,143	1,136	53.0%
下落合１丁目	728	295	40.5%
戸塚町１丁目	58	23	39.7%
北新宿３丁目	1,574	594	37.7%
北新宿１丁目	1,965	660	33.6%
北新宿４丁目	1,638	532	32.5%
高田馬場４丁目	1,277	405	31.7%
高田馬場１丁目	948	275	29.0%
高田馬場３丁目	1,359	386	28.4%
高田馬場２丁目	391	109	27.9%
西早稲田２丁目	1,217	326	26.8%
戸山３丁目	139	37	26.6%
馬場下町	83	22	26.5%
百人町４丁目	227	60	26.4%
西早稲田３丁目	1,105	285	25.8%
西早稲田１丁目	799	205	25.7%

新宿区ホームページより三浦展作成

図表１-13　豊島区の25-34歳の外国人比率25％以上の町丁

	25-34歳 人口総数	25-34歳 外国人数	外国人比率
池袋１丁目	620	268	43.2%
東池袋１丁目	320	121	37.8%
池袋２丁目	1,574	591	37.5%
池袋４丁目	860	321	37.3%
高田３丁目	746	264	35.4%
北大塚２丁目	920	315	34.2%
北大塚３丁目	974	296	30.4%
池袋３丁目	1,789	524	29.3%
東池袋３丁目	730	198	27.1%
南大塚１丁目	1,409	367	26.0%
東池袋２丁目	1,573	408	25.9%
池袋本町１丁目	813	203	25.0%

豊島区ホームページより三浦展作成

20歳では８割が外国人という町もある
図表１-14　大久保１丁目と池袋２丁目の年齢別外国人比率

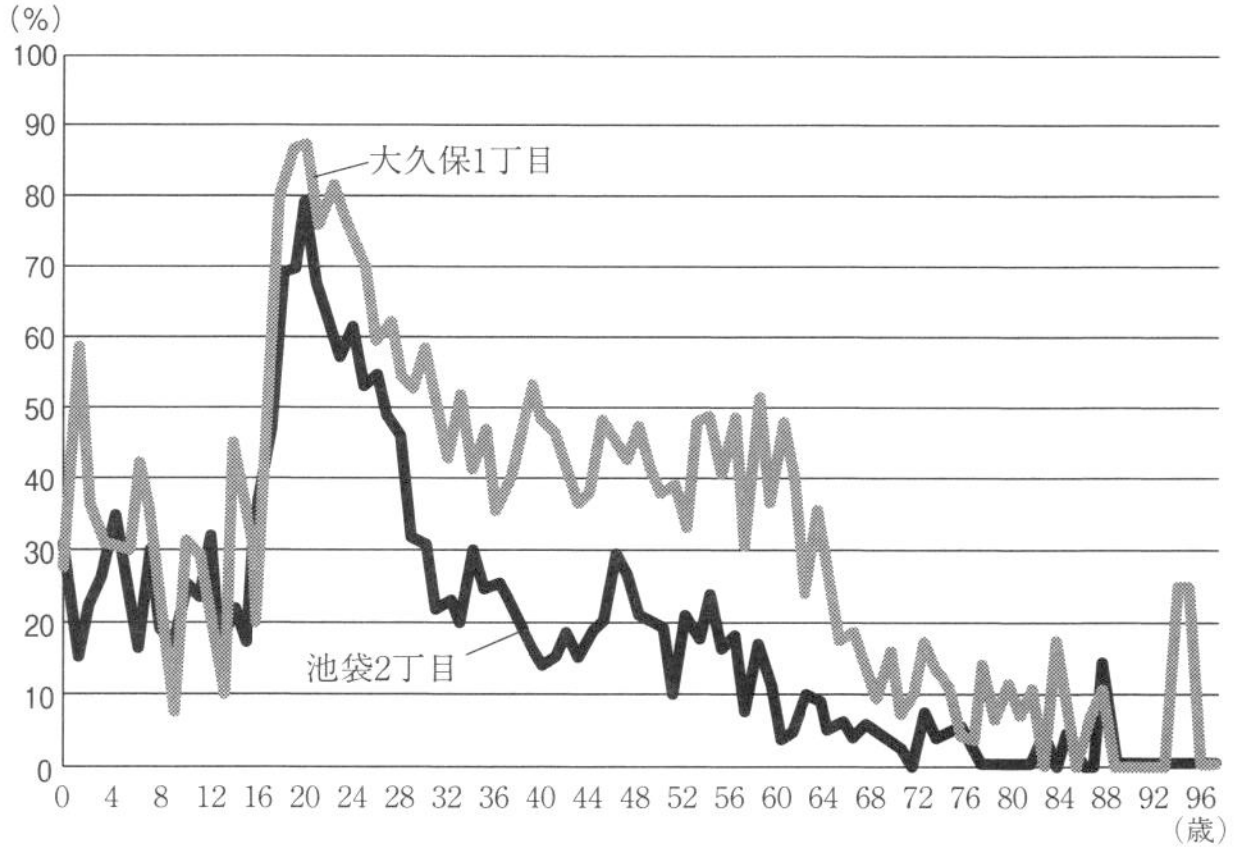

注：新宿区は2018年１月１日、豊島区は2017年１月１日の数字
新宿区ホームページ、豊島区ホームページより三浦展作成

ンドン、そしてそれらの都市に必ずある外国人街のようなものが東京にも誕生していることがわかる。

†世界都市・東京に外国人は必要

こうしたデータをもとに、実際に外国人が多い大久保や池袋を歩いてみた。しかし、ほとんどのアパート、マンションの郵便受けには表札が出ていないので外国人が住んでいるのかは簡単にはわからない。

だが、よく探すと、安い物件専門の不動産業者の看板が貼られたアパートがあり、まさにそのアパートにアジア人の表札が並んでいた。

大久保周辺は既に多国籍化

大久保では、普通の一戸建てだが、外国人がシェアハウスかゲストハウスで使っていると思われるものも見つかった（同様の例は江戸川区平井でも見た）。

日本語学校も点在しており、住む人だけでなく、通学などで大久保、池袋界隈にやってくるアジア人は多いのだ。もちろん大久保通りが竹下通りのような賑わいであることは言うまでもない。

逆に、統計上は外国人が多いはずのＪＲ総武線平井駅や新小岩駅あたりを歩いても、たしかに平井駅の日本語学校の近くでアジア系の若者をたくさん見たが、それ以外では、そんなにたくさん外国人が街を歩いているわけではないし、街にアジア系飲食店が多いわけでもない。外国人が人口の数パーセントになったくらいでは、街並みや街の雰囲気まで変わることはないようだ。

日本人の若年人口が減り続けているかぎり、外国人が若年労働力を補う必要があることは間違いない。ロボットやＡＩでは代替できない労働があるからだ。

特にサービス業系は簡単に機械化できない。コンビニは無人店舗が増えるかもしれないが、焼鳥屋が無人になることはないだろう。チェーン店でも飲食店は、合理化のために機械化を進めるかもしれないが、無人になることはないだろう。

まして、人間的なコミュニケーションを売ることが、個々のチェーン店ではない商店の魅力の一つだとしたら、コミュニケーション力のある外国人のほうがコミュニケーション力のない日本人より重用されるだろう。

また、江戸川区に住み都心の金融業で働くインド人の例のように、日本のこれからの産業にますます専門職のアジア系を含めた外国人が必要になり、都心部でホワイトカラーとしても働く可能性は高い。

世界都市化する東京において外国人が増えるのは必然である。特にホワイトカラーや日本でビジネスに成功した外国人などは、ますます都心部に住む人が増えるだろう。図表1－8にあるように、港区愛宕《あたご》、赤坂、六本木、元麻布などはすでに外国人比率が高いが、こうした都心部に富裕な外国人層が増えていくことは間違いないし、外国人が活躍し、ビジネスで成功できるような都市になることが東京の新しい魅力として求められるのだ。

【インタビュー】
これから東京にはインド人が倍増しますよ

西葛西在住インド人の中心人物　ジャグモハン・チャンドラニさん

私は1978年に日本にやってきました。私の一族はみな貿易商であり、世界中に住んでいるのです。最初は神楽坂に住みました。江戸川区に倉庫を構え、地下鉄東西線の西葛西駅が79年にできると聞いたので、そちらに事務所を移しました。

当時の西葛西はほとんど何もありませんでした。線路の南の開発が始まったばかりで、湾岸道路もまだありませんでした。しかし、トラックターミナルが開業しており、流通の拠点になり始めていたのです。その頃、西葛西のインド人は1世帯だけでした。

西葛西にインド人が増えたのは1998年です。パソコンの2000年問題に対応するために、インド人のエンジニアが多数日本に呼ばれたのです。彼らは皆ホテル住まいでした。しかし彼らの多くは菜食主義なのです。だからホテルの食事ではだめだった。もちろんインドの家庭料理も食べたいわけです。

そこで彼らはホテル住まいをやめて、自分たちでキッチンのある部屋を借りることにしたのです。しかしインド人が家を借りるといっても日本の大家さんは、なじみがないのでなかなか貸してくれなかったのです。保証人もいませんでしたしね。

でも彼らは日本で金融系企業に勤めていて給料は高い。だから給与明細を見せて納得させた。保証人は私がなったこともあります。そうやって2年ほどすると、URもインド人を入居させてくれるようになりました。

しかしインド人男性は料理が上手にできません。忙しいので料理をする暇もあまりない。なので私はインド料理の食堂を開いたのです。その後、食材店もつくりました。

今はたくさんのインド人が西葛西に住んでいますが、一人暮らし世帯と家族の世帯と半々くらいですね。奥さんを連れてくる男性も増えていますが、ビザの関係で奥さんは日本で働くことに制限があります。でも、だいたい男性の同僚だった女性ですので、学歴も高く、一流企業で働いていました。だから教育熱心なので、私は江戸川区に幼稚園やインド人学校を作ったのです。

江戸川インド人協会会長の
ジャグモハン・チャンドラニさん

荒川がガンジス川のように見えるからインド人が西葛西を好む、というのは本当です。人間はだれでも川のそばに住むのが好きでしょう。特にインド人はそうですね。このあたりの荒川は隅田川や江戸川と比べても川幅が広くて水量が多いのです。だからガンジス川を思い出すのですね。インド人は毎朝、毎晩この川原で散歩をしますよ。

彼らはインドの会社に勤め、プロジェクトごとに日本に派遣されて、日本橋などにある金融系企業等で働いています。プロジェクトが終わるとインドに帰ったり、他の国に行ったりするのです。

まだ東京のインド人は増えますよ。今度インドに日本の技術で新幹線を作るのです。そのための研修にインド人が東京に4000人くらい来ると言われています。だからもうひとつ学校を作らないといけません。

アメリカでは大手IT企業のトップの3人に1人がインド人でしょ。NASAの技術者も3人に1人がインド人ですよ。インドでは教育や社会のシステムとして、世界中で活躍できるようにしているのです。英語と数学をしっかり教えて、他国に行ってもさびしくならないように教育をしています。つまり多様な人々の中で生きることが当然だという教育です。

第 2 章

港区と足立区の格差は1.57倍から3.06倍へ

——所得から見た都心集中

1　足立区の所得は355万円、大阪市326万円、京都市344万円

†港区―足立区格差は、昔はあまりなかった

『23区格差』（中公新書ラクレ、2015年）という本に、2012年の港区区民の平均所得は904万円だが、足立区は323万円、3倍近い差があると書かれていて、話題になった。だが私は、それくらいの差はあるだろうと、まったく驚かなかった。

そもそも区ごとの所得格差については社会学者で階級論が専門の橋本健二が、すでに2011年の『階級都市――格差が街を侵食する』（ちくま新書）という本で指摘している。それによると1985年は最も所得が高い千代田区と最も低い足立区の差は2・3倍だった。しかし2009年は3・6倍に拡大したというのである。

なるほど所得格差が拡大したのか。だったら少し興味がある。そこで私も23区別の所得の統計を見てみた。

港区と足立区の所得格差は1975年には少なかった
図表2－1　港区、千代田区と足立区、荒川区の所得格差

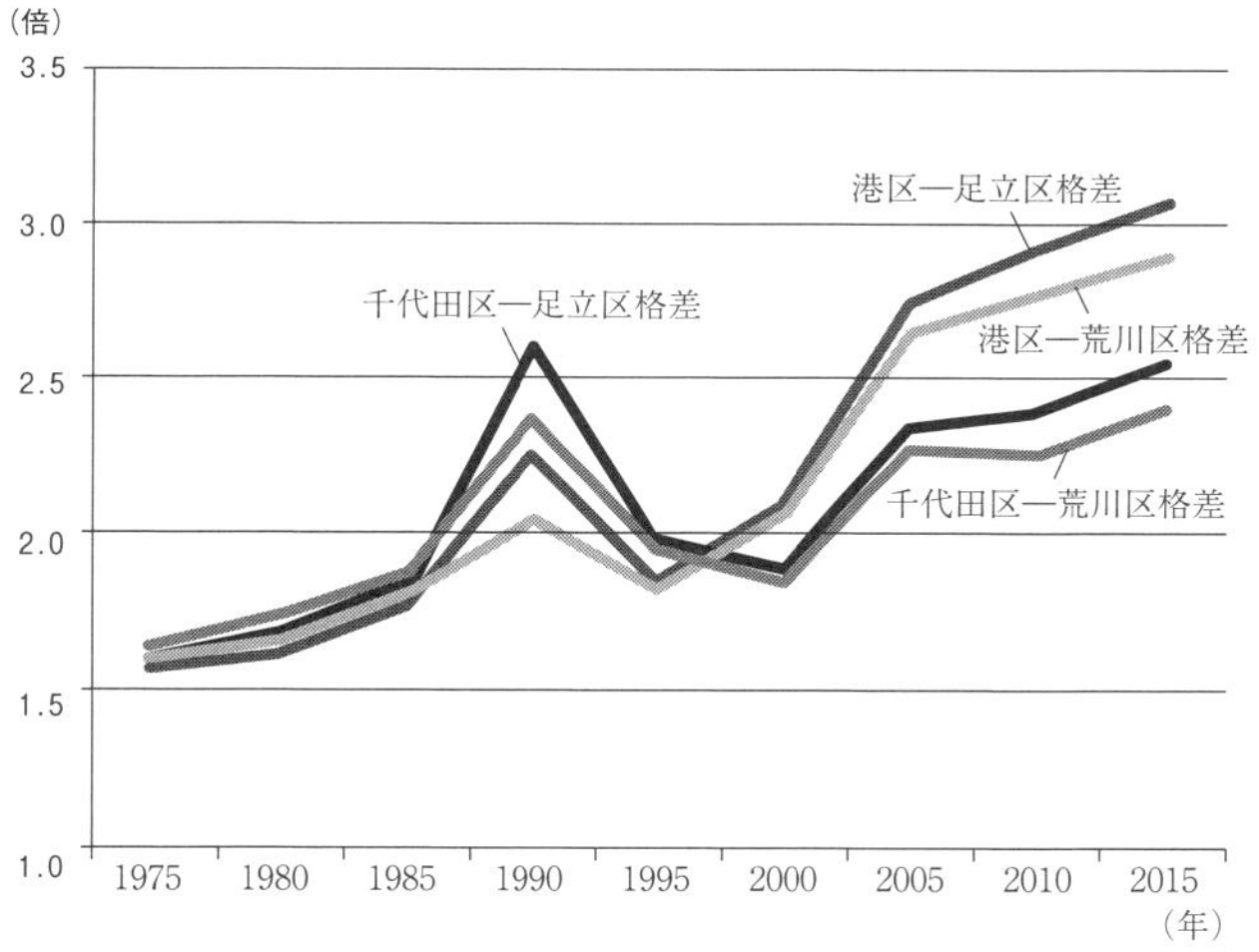

総務省『市町村税課税状況等の調』より三浦展作成

そして驚いた。1975年は、港区と足立区の差が1・57倍しかなかったからだ。それに対して2015年の差は3・06倍ある。40年で港区と足立区の差は2倍広がったのだ（図表2－1）。

これはうかつだった。もっと古くから港区―足立区格差はあると思っていたのだが、そうではなかったのだ。

だって、ビートたけしが漫才ブームで登場した1980年ごろ、すでにたけしは足立区の貧乏なペンキ屋のせがれであることをネタにしていた。だったらもう80年に

は十分な地域格差があったはずだ。だが、今のほうがずっと格差が広がっているとは私は思っていなかったのである。

✝下町の所得が減少傾向

それぞれの区の区民で所得のあった人の平均所得を示したのが図表2―2である。図表2―1もこれをもとに計算している。1975年は千代田区がいちばん所得が高く228万円、対して足立区は142万円。1・6倍の差である。所得が最低だったのは荒川区であり千代田区と1・61倍の開きがあった。

この差がバブル期に拡大した。90年の千代田区の所得は887万円、港区は768万円に増加したが、足立区は342万円であり、千代田―足立の格差は2・6倍、港―足立の格差は2・25倍と拡大した。

この格差は、バブル崩壊後は縮小したが、2005年からまた拡大する。港区の所得が千代田区を抜き、港―足立格差は2・92倍に広がった。

これは六本木ヒルズに象徴される都心再開発が盛んになり、都心の土地を売ったり、貸したりして儲ける人たちが増えたというのが一つの理由であろう。2001年からの小泉

23区の所得格差は40年間で拡大した

図表２－２　23区別・所得のあった人の平均所得

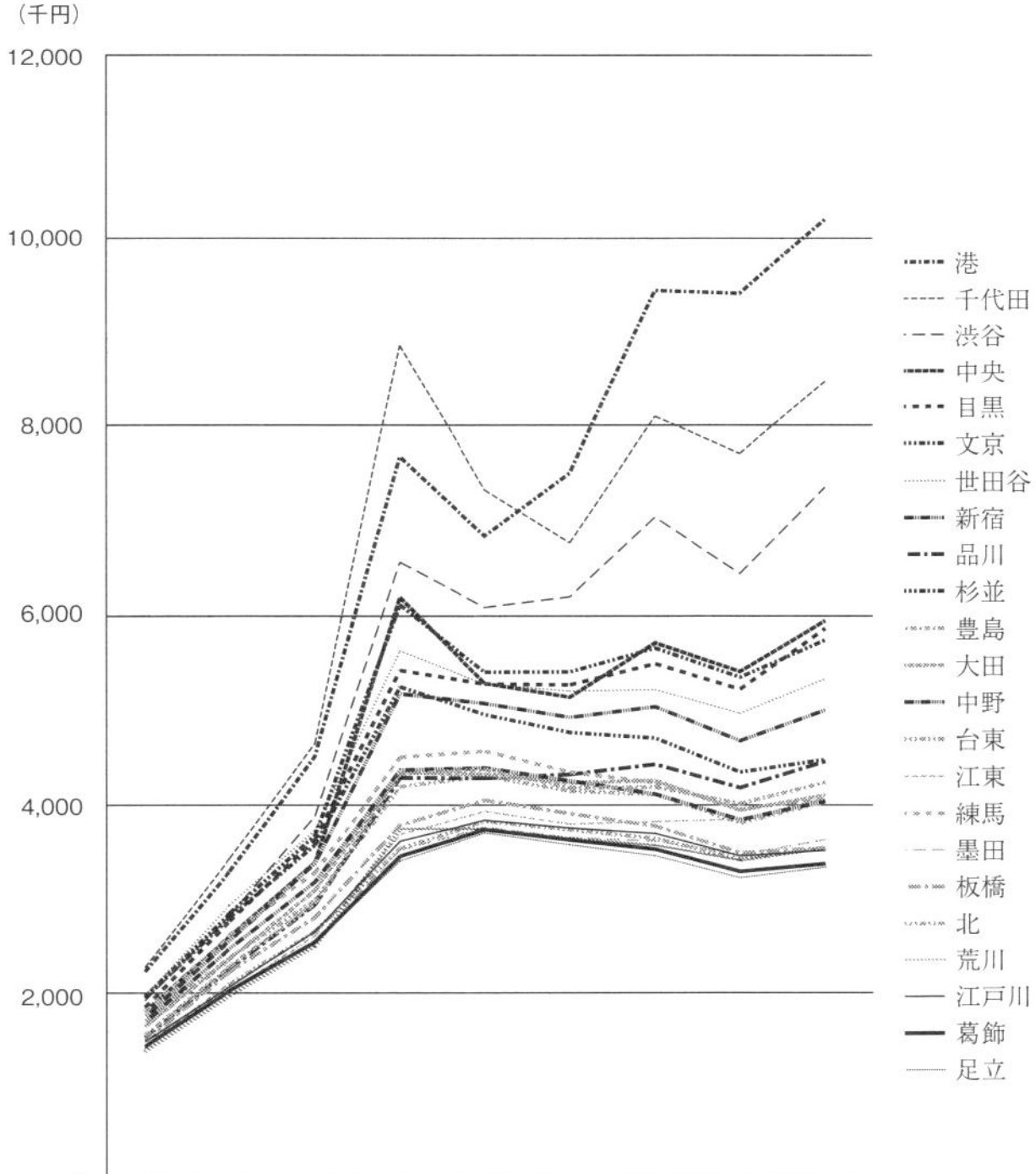

総務省『市町村税課税状況等の調』より三浦展作成

政権による経済政策がそうした都市政策を後押しした。

そして2015年、港区の所得は1023万円に増加、足立区は335万円と1990年よりも減少している。他の区を見ても90年より所得が減少している区が多い。増えているのは墨田、江東、品川、目黒、渋谷だけである（北区は微増程度）。

このように同じ23区の中でも港区、渋谷区、江東区だけが順調に所得を伸ばしている。墨田、品川、目黒はなんとか所得を増やし、その他の区は減っているのである。

ただし直近の2010―15年だけで見ると、23区すべての所得が伸びており、2020年のオリンピック・パラリンピックに向けての景気拡大の影響があるとは言える。

だが、リーマンショック前の2005年と比べると、所得が伸びているのは、千代田、中央、港、文京、墨田、江東、品川、目黒、世田谷、渋谷、豊島の11区であり、台東区から東や北に広がる下町地域はほぼ減少している。

どうしてこういう現象が起こったのかについては、これから分析するが、最初に断っておきたいのは、足立区の所得が低いといっても、それは23区内での話だということである。

足立区の所得は335万円だが、札幌市は304万円であり、大阪市ですら326万円、京都市は344万円である。青森市は271万円、松江市は285万円しかないし、名古屋市は386万円、さいたま市は381万円、横浜市は399万円、千葉市は362万円である。それだけ都心に富が集中しているということである。

†「田園調布に家が建つ！」から港区のタワマンへ

港区などの都心の所得が伸びたことは住宅地の価格からも裏付けられる。1991年の公示地価を見ると、たしかに上位は港区で占められるが、11位以下には大田区田園調布をはじめ、新宿区、豊島区、世田谷区、あるいは吉祥寺の住宅地が多数ランクインしている。ところが2017年は上位30位のほとんどすべてが港、千代田、中央の3区で占められている。最近は社長の住む街が田園調布から赤坂、六本木に変わったそうだが、それを裏付けるような結果である（図表2－3）。

国勢調査小地域集計より男女就業者に占める管理職比率を見ても、1995年よりも2015年のほうが港区の町丁が増え、かつ上位に多く挙がっている（図表2－4）。出世した人が住む街が都心3区であると言える。

港区の地位が上がっている
図表2－3　1991年と2017年の住宅地公示地価

	1991年	千円／㎡	2017年	千円／㎡
1	港区元麻布2-3-24	6,620	**千代田区六番町6番1外**	**3,750**
2	港区六本木5-13-1	6,580	**港区赤坂1-14-11**	**3,680**
3	渋谷区松濤1-13-7	6,500	**港区白金台3-16-10**	**3,100**
4	港区南麻布5-9-2	5,180	**千代田区三番町6番25**	**2,880**
5	渋谷区渋谷4-2-23	5,100	**千代田区一番町16-3**	**2,810**
6	渋谷区千駄ヶ谷1-26-11	4,600	**港区南麻布4丁目19番1**	**2,750**
7	渋谷区神宮前5-34-3	4,600	**港区南麻布1-5-11**	**2,720**
8	港区三田2-2-20	4,360	**千代田区九段北2-3-25**	**2,600**
9	港区高輪1-9-5	4,150	**千代田区平河町2-4-13**	**2,360**
10	港区高輪4-20-19	3,910	**港区赤坂6-19-23**	**2,250**
11	**大田区田園調布3-23-15**	**3,770**	**港区南青山4-20-4**	**2,200**
12	渋谷区大山町34-9	3,380	**港区元麻布2-3-24**	**2,190**
13	目黒区駒場4-3-38	3,250	**港区六本木5-13-1**	**2,000**
14	渋谷区上原2-20-1	3,000	**港区南青山2-4-11**	**1,890**
15	**新宿区大京町6番8**	**2,620**	**千代田区紀尾井町3-32**	**1,880**
16	渋谷区代々木5-18-10	2,600	目黒区青葉台3-5-44	1,860
17	**豊島区目白4-1-22**	**2,560**	渋谷区恵比寿西2-20-7	1,860
18	**新宿区北新宿4-22-16**	**2,420**	**中央区佃3-3-9**	**1,840**
19	**大田区田園調布4-28-23**	**2,400**	**港区赤坂8-2-17**	**1,820**
20	新宿区早稲田鶴巻町523番6	2,360	東五反田1-2-39	1,820
21	**豊島区東池袋2-12-9**	**2,170**	**港区南麻布5-9-2**	**1,740**
22	**新宿区下落合3-17-18**	**2,020**	渋谷区神宮前4-18-7	1,730
23	**新宿区大久保1-14-7**	**2,000**	**港区南青山4-12-1**	**1,660**
24	**新宿区三栄町15番6**	**1,950**	**港区三田2-7-25**	**1,660**
25	目黒区三田2-18-8	1,900	**港区元麻布3-6-2**	**1,580**
26	**台東区谷中2-8-14**	**1,660**	渋谷区松濤1-13-7	1,550
27	**武蔵野市吉祥寺南町1-19-3**	**1,660**	文京区本駒込1-20-13	1,470
28	**豊島区北大塚1-24-3**	**1,630**	**中央区明石町5-19**	**1,460**
29	**台東区上野桜木1-1-5**	**1,610**	台東区池之端1-4-28	1,450
30	**世田谷区北沢1-24-15**	**1,610**	港区南麻布1-27-33	1,440

出所：公示地価

港区就業者の管理職比率が高まった

図表２−４　男性就業者数に占める管理職比率 上位30位　1995年と2015年（就業者総数50人以上の町丁）

1995 区	町丁	比率	2015 区	町丁	比率
新宿区	市谷砂土原町２丁目	37.1%	大田区	田園調布３丁目	33.6%
中央区	日本橋横山町	32.1%	**港区**	**赤坂１丁目**	**29.6%**
港区	**麻布永坂町**	**30.8%**	**港区**	**虎ノ門４丁目**	**28.0%**
大田区	田園調布３丁目	27.7%	**港区**	**元赤坂１丁目**	**25.4%**
渋谷区	松濤１丁目	26.3%	千代田区	麹町４丁目	25.2%
渋谷区	渋谷４丁目	26.0%	渋谷区	広尾４丁目	25.1%
新宿区	市谷砂土原町１丁目	25.0%	**港区**	**南麻布５丁目**	**24.0%**
渋谷区	広尾４丁目	24.7%	**港区**	**東新橋１丁目**	**23.6%**
中央区	八丁堀１丁目	24.0%	渋谷区	松濤１丁目	22.8%
港区	**麻布台２丁目**	**23.9%**	千代田区	九段北２丁目	21.1%
千代田区	一番町	23.7%	中央区	佃１丁目	20.6%
港区	**麻布狸穴町**	**23.4%**	新宿区	四谷１丁目	20.4%
千代田区	六番町	23.3%	**港区**	**北青山２丁目**	**20.2%**
新宿区	揚場町	23.1%	**港区**	**南青山５丁目**	**20.2%**
渋谷区	松濤	22.7%	千代田区	五番町	20.1%
港区	**元麻布２丁目**	**22.5%**	新宿区	市谷船河原町	19.7%
千代田区	三番町	22.3%	**港区**	**六本木６丁目**	**19.7%**
港区	**南青山７丁目**	**22.1%**	渋谷区	代官山町	19.1%
港区	**芝公園１丁目**	**22.0%**	**港区**	**赤坂９丁目**	**19.0%**
港区	**南青山５丁目**	**22.0%**	**港区**	**六本木１丁目**	**19.0%**
新宿区	市谷砂土原町	22.0%	**港区**	**元麻布１丁目**	**18.7%**
港区	**元赤坂１丁目**	**21.7%**	大田区	田園調布４丁目	18.6%
新宿区	市谷船河原町	21.1%	渋谷区	神宮前６丁目	18.4%
千代田区	神田紺屋町	20.7%	新宿区	市谷砂土原町３丁目	18.3%
渋谷区	南平台町	20.7%	中央区	日本橋室町	18.2%
港区	**高輪４丁目**	**20.4%**	**港区**	**赤坂２丁目**	**18.0%**
品川区	北品川４丁目	20.3%	渋谷区	渋谷１丁目	17.7%
世田谷区	成城４丁目	20.2%	**港区**	**虎ノ門１丁目**	**17.7%**
港区	**赤坂８丁目**	**20.2%**	千代田区	三番町	17.7%
大田区	田園調布４丁目	20.1%	千代田区	麹町	17.5%

国勢調査小地域集計より三浦展作成

†ホワイトカラーの増加が所得上昇の一因

さてこのように、1975年には1・57倍以下しかなかった都心と下町の所得格差が、近年拡大したのはなぜか。

国勢調査で産業別就業者数の2005年から15年の伸びを見ると、情報通信業就業者は、千代田、中央、港の3区で4割から8割増加しており、足立、葛飾、江戸川は横ばいである（図表2－5）。だが台東、墨田、江東、品川も約4割台の増加を見せており、港区が特に情報通信業就業者が増えたとは言えない。

金融・保険業は千代田区と中央区が非常に増えているが、港区は3割ほどの増加であり、墨田、江東、品川も25％前後の増加を見せている。これらのことから、産業別就業者数からは区全体の格差の動きを説明しきれないように思われる。

次に職業別就業者数の伸びを見る。1975年には港区─足立区格差が少なかったことを考慮し、23区ごとの1975年から2015年の職業構造の変化を見てみることにした。すると、港区では1975年から2005年までは就業者総数が減少している。23区の人口が減少する時代であったし、85年からは地価高騰によりますます都心の人口が減っていたからである。

しかし2005年から15年に就業者総数が増えており、特に専門的・技術的職業が増えていることがわかる。いわゆるホワイトカラーのプロフェッショナル層である。広い意味

情報産業や金融保険業の就業者は千代田、中央区で伸びた

図表2－5　産業別就業者数の伸び率（2015／2005年）

	就業者総数	情報通信業	金融・保険業
千代田区	17.3%	73.9%	107.8%
中央区	39.3%	80.7%	85.8%
港区	20.0%	43.4%	31.8%
新宿区	－2.7%	－0.9%	－4.3%
文京区	1.5%	14.6%	19.4%
台東区	2.3%	48.8%	13.7%
墨田区	－1.4%	46.2%	23.4%
江東区	3.7%	40.0%	26.8%
品川区	4.5%	39.5%	23.1%
目黒区	－0.5%	14.1%	－4.3%
大田区	－0.6%	21.6%	－1.7%
世田谷区	－7.0%	－5.2%	－6.0%
渋谷区	2.7%	20.6%	2.5%
中野区	6.6%	31.7%	6.4%
杉並区	1.3%	10.1%	5.3%
豊島区	5.8%	25.5%	17.5%
北区	－10.0%	9.3%	－7.4%
荒川区	4.8%	42.5%	13.9%
板橋区	－4.3%	10.8%	－0.1%
練馬区	3.6%	17.5%	－1.2%
足立区	－11.2%	2.9%	－13.5%
葛飾区	－9.1%	10.0%	－11.7%
江戸川区	－2.7%	6.9%	－10.6%

国勢調査より三浦展作成

分類不能の職業が増えている

図表2－6　港区在住者の職業別就業者数の推移

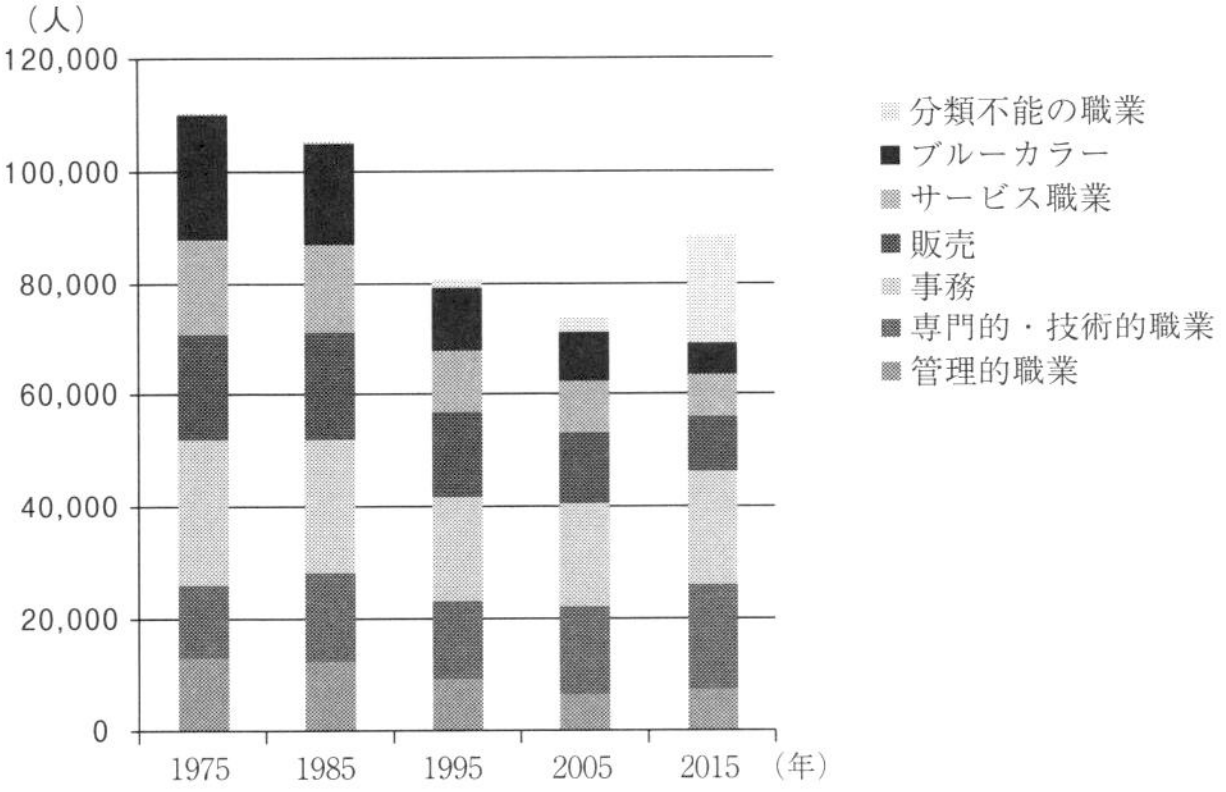

国勢調査より三浦展作成

でのエリート層であると言える（図表2－6）。

†分類不能の職業が増大する都心

また興味深いのは分類不能の職業の急増である。95年までは1200人程度だったのに、2015年は2万人近いのだ。特に2005年以後の伸びが著しい。就業者総数の22％にもなっている。

分類不能の職業とは、ITか金融系の新職種で、素人には何だかわからない職種が多く含まれるのだろうかと思って総務省に問い合わせたところ、職業名がはっきり記入してある限り、どんなに新しい職種でもどれかの分類に入れるそうだ。

分類不能の職業とは記入不備のことで、ほぼ無記入であり、あとは字が読み取れないものだという。

後で見るように、足立区では分類不能の職業の数はそれほど増えていない。職業名を国勢調査に記入しない人が特に港区で急増しているというのは不思議な話である。

そこで全国市区町村別に見てみると、2015年に分類不能の職業の比率が高いのは、大阪市の浪速区、西成区、中央区、西区。また東京都の港区、新宿区、千代田区、台東区、渋谷区、豊島区、中央区などであり、2大都市のほぼ都心部である。逆に比率が低いのは農山村部である。

また23区で分類不能の職業の2005年から15年の増加率が高いのは、中央区、中野区、港区、千代田区、新宿区である。増加率が低いのは大田区、江戸川区、北区、荒川区、品川区であり、工場が多い区である。工場の多い区は生産関係の職業が多く、それらの職業は職業名がはっきりしているためであろう。

これらのことから、分類不能の職業の比率が高い地域は、より大都市の都心に近い地域であると言えそうである。

2 「自由業者」が都心を豊かにしている?

分類不能の職業は自由業者か?

分類不能の職業の人を、雇用主に雇われる立場の雇用者（役員を含む）かそれ以外かで見ると、圧倒的に雇用者ではない。23区では分類不能の職業が51万4202人いるが、そのうち85%の43万9627人は雇用者ではない。港区では分類不能の職業が19974人いるが、うち93%の18501人が雇用者ではないのである。

かつ非雇用者に占める分類不能の職業の比率は港区では62%であり、23区全体の53%よりも高い。千代田区も60%、中央区も59%と高く、都心3区が突出しているのである。

また港区では、製造業や建設業の雇用者で分類不能の職業の人はゼロである。情報通信業、学術研究、専門・技術サービス業において、またサービス業の中でも「他に分類されない」サービス業においては、雇用者の中にもわずかだが分類不能の職業の人がいる。

つまり、都心型の自由業、自営業で、比較的新しい知識型の産業の人であり、複数の職務、職業をこなす人が、「国勢調査」でどれか一つの職業名を記入しなかったと考えられるのだ。最近は「副業」と言わずに「複業」というそうだが、主と副の関係ではなく、複数の仕事を同等の価値づけで行うという意味である。そこで、そうした人を「自由複業者」と名付けよう。

千代田区の秋葉原に住むIT関係のエンジニアだが、ライターでもあり、写真もとるし、デザイナーでもある、というような自由複業者は近年増えているだろうし、そういう人は地方の農村部よりも大都市で、また都心で特に多いだろう。私も、国勢調査の職業欄には「調査研究」と書くが、著述家でもあり、プランナーでもあり、メディアを作ることもあるのだから、職業を記入しないという方法もないではないのだ。

もし、分類不能の職業は自由複業者が多いという仮説が正しいとしたら、面白いことだ。都心には先端的な企業が多いから、経済が発展し、所得も伸びるのは当然として、そうした企業があることで、自由複業者がたくさん必要になり、彼らが多く住む街の方が、経済が発展し、所得も伸びるとも言えるからだ。ただしこの点についての詳細な分析は今後の研究の課題としたい。

なお、ついでに言えば、それら自由複業者は、土地を売った資産運用で生活の基盤を安定させ、あとは好きな仕事をしているという人が多いという可能性もあるかもしれない。

†港区にも工場地帯はあった

話を戻すと、1975年に港区―足立区格差が少なかったことのもう一つの理由としては、港区にも1975年には1万8000人以上のブルーカラーが住んでいたということがある。75年は港区在住の専門的・技術的職業は1万2880人だったのだから、ずっとブルーカラーのほうが多かったのである。

これが2015年には、ブルーカラーが5750人に減る。対して専門的・技術的職業は1万9000人に増えている。まったく逆転したのだ。

「え？　でも港区にブルーカラーが働く工場なんてあるかな」と、特に若い世代は疑問に思うだろう。だが、港区にだって工場はあったのだ。

港区は戦前は、赤坂区と麻布区と芝区の3区だった。芝区は、高台は白金台など高級住宅地だが、東側の海沿いや南側の古川沿いは工業地帯である。白金というとセレブなイメージだが、白金台は高台でセレブでも、白金は低地であり、工場地帯だったのだ。

麻布区の一部も古川沿いであり、南麻布というと高級そうだが、南麻布の南端は古川沿いであり、今も小規模な工場や倉庫がある。

古川沿いは、江戸時代から栄えていた。それが第一次世界大戦を契機として第一師団連隊兵営ができ、金属・機械工業などの中小工場、商店が集まったという。1913年には麻布網代町（現在の麻生十番商店街あたり）に三業地もできて、新興の歓楽街として栄えた。

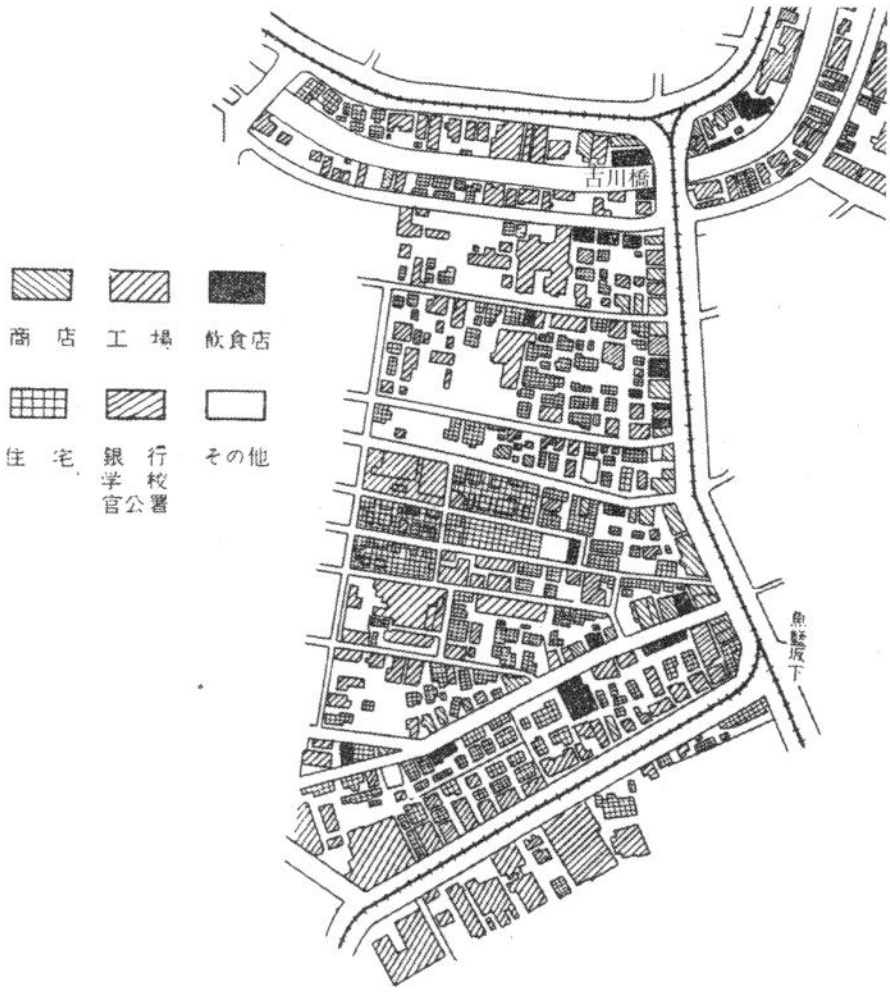

古川沿いからその南側。現在の白金1～3丁目界隈
（『港区史　下巻』1960年）

関東大震災後は、芝浦の埋立地に臨海工業地帯が形成された。また古川沿岸低地にも金属製品や機械の小規模の工場が増えた。一ノ橋上流、麻布新広尾町、芝白金志田町、白金三光町などで工場が増えたという。

また満州事変（1931）後は

軍需の下請け工場が古川沿いに集中した。1908年の芝区の工場数は72だったが、31年には工場数は1629に増えている。第3章で詳しく見るが、だから1920年の人口で男性のほうが女性より多い地域の一つとして、古川沿いや芝方面が挙がっているのだ。

†ブルーカラーが減り、分類不能の職業が増えて所得が増加?

このように、港区というと今は外資系企業と華やかな消費の都市というイメージだが、昔は工業都市だったのだ。それが1975年まで続いていたのである。

だから港区にも工員などブルーカラーはたくさん住んでいた。映画『三丁目の夕日』も東京タワーの近くの芝の自動車整備工場が舞台であり、東北から集団就職で中卒の少女が住み込みで働いているという設定である。

今の古川沿いにはたしかにもう工場は少ないが、それでもかつての名残を見ることができる。銭湯もまだある。しかしほとんどの工場、倉庫は今はマンションやオフィスビルなどに建て替わっている。白金1丁目ももうすぐ再開発されて、おきまりのタワーマンションとオフィスビルに建て替わる計画だ。

面白いことに、港区内でブルーカラーが減った地域と分類不能の職業が増えた地域は同

現在の古川沿い。商工混在密集地帯の名残がある。その向こうにはタワーマンションが建つ。

じ地域も多い（図表2－7）。太字はすべて古川沿いから湾岸である。マンションがたくさんできた地域である。先ほどの2番目の仮説に立てば、工場や倉庫がなくなってマンションが建ち、ブルーカラーが減って分類不能の職業が増えた可能性が高い。新しいタワーマンションには、ホワイトカラーはもちろん、複数の職業をこなす新しいタイプのワーカーがたくさん住んでいるのかもしれない。

†銭湯がサントリーホールに変わった

このような港区の再開発の気運を最初に盛り上げたのは1986年にでき

生産工が減った地域で分類不能の職業が増えた

図表2-7　港区・町丁別の生産工程従事者と分類不能の職業従事者の増減（1995-2015年）

	ブルーカラー減少数（人）		分類不能の職業増加数（人）
海岸3丁目	−373	**芝浦4丁目**	987
芝5丁目	−302	**海岸3丁目**	512
白金1丁目	−261	高輪1丁目	497
白金2丁目	−198	**港南4丁目**	488
高輪3丁目	−157	高輪2丁目	437
北青山3丁目	−147	**港南3丁目**	435
三田1丁目	−136	**三田1丁目**	397
白金3丁目	−135	**白金1丁目**	378
芝浦4丁目	−134	高輪4丁目	368
高輪1丁目	−131	台場	359
白金5丁目	−127	**三田5丁目**	342
白金6丁目	−116	赤坂6丁目	335
芝3丁目	−103	高輪3丁目	328
麻布十番1丁目	−94	赤坂2丁目	322
六本木6丁目	−91	**南麻布2丁目**	313
南麻布3丁目	−86	**芝浦2丁目**	310
西麻布2丁目	−86	**麻布十番2丁目**	300
東麻布2丁目	−83	**白金3丁目**	294
南麻布1丁目	−81	六本木3丁目	288
南青山1丁目	−81	**芝3丁目**	285
三田4丁目	−80	三田2丁目	285
芝2丁目	−77	**南麻布1丁目**	284
港南5丁目	−74	**芝2丁目**	243

注：古川沿いから湾岸にかけての町丁を太字にした
国勢調査小地域集計より三浦展作成

たアークヒルズだ。当時森ビルなどのデベロッパーは、赤坂、青山、麻布を「3A地区」と名付け、そこにオフィスビルやマンションを建てて、新しい都市生活を提案した。それがどんどん本当に実現してきたのが過去30年の流れである。

だがこのアークヒルズができる前は、今井谷という木造住宅密集地であり、銭湯もあるような下町的な地域だった。

芸術家の赤瀬川原平や、建築家の藤森照信らによる『超芸術トマソン』(ちくま文庫)という本があるが、その表紙の写真は天徳湯という銭湯の煙突に上って撮影したものだ。天徳湯は1970年頃廃業したが80年代になっても煙突だけは残っており、それがアークヒルズの開発によって壊されたのである(70ページ上地図参照)。ちょうど今はサントリーホールの排気口のあるあたりらしい。

中央区も同様の傾向である。中央区の近年の人口増は言うまでもなく佃島、月島あたりを中心とするタワーマンション建設によるものである。

佃島は石川島播磨の大工場があり、その工員たちが月島の長屋に住んでいた。まわりも中小工場と倉庫街であった。その長屋や工場や倉庫をつぶしてタワーマンションを建てたのだ。必然的にブルーカラーが減り、ホワイトカラーが増える。

現在サントリーホールがあるあたりもかつては庶民的な木造密集地帯だった（上：ゼンリン住宅地図1967年、下の写真：稲葉佳子）

統計を見ると、中央区のブルーカラーは１９７５年から２０１５年で半減し、逆に専門的・技術的職業は３０００人強から１万４０００人強に増えている。港区との違いは事務的職業も増えていることであり、95年の８７８４人から２０１５年は１万７７２８人に増えている（図表２－８－１）。

また中央区は、江戸時代以来の隅田川の水運を利用した卸売業の都市らしく、75年も販売、サービス職業が多く、販売だけでも１万３５６０人と、事務職の１万１１７５人より多かったが、２０１５年には、販売は９８１９人に減っている。商店の街からオフィスワーカーの街に変わったのである。

月島における新旧の対比

江東区も同じように工場地帯だったが、工場や倉庫がマンションに変わることで、新しい住民が増え、ブルーカラーの減少を専門職、事務職、分類不能の職業の増加が

専門職、事務職、分類不能の職業が増加

図表2-8-1　中央区在住者の職業別就業者数の推移

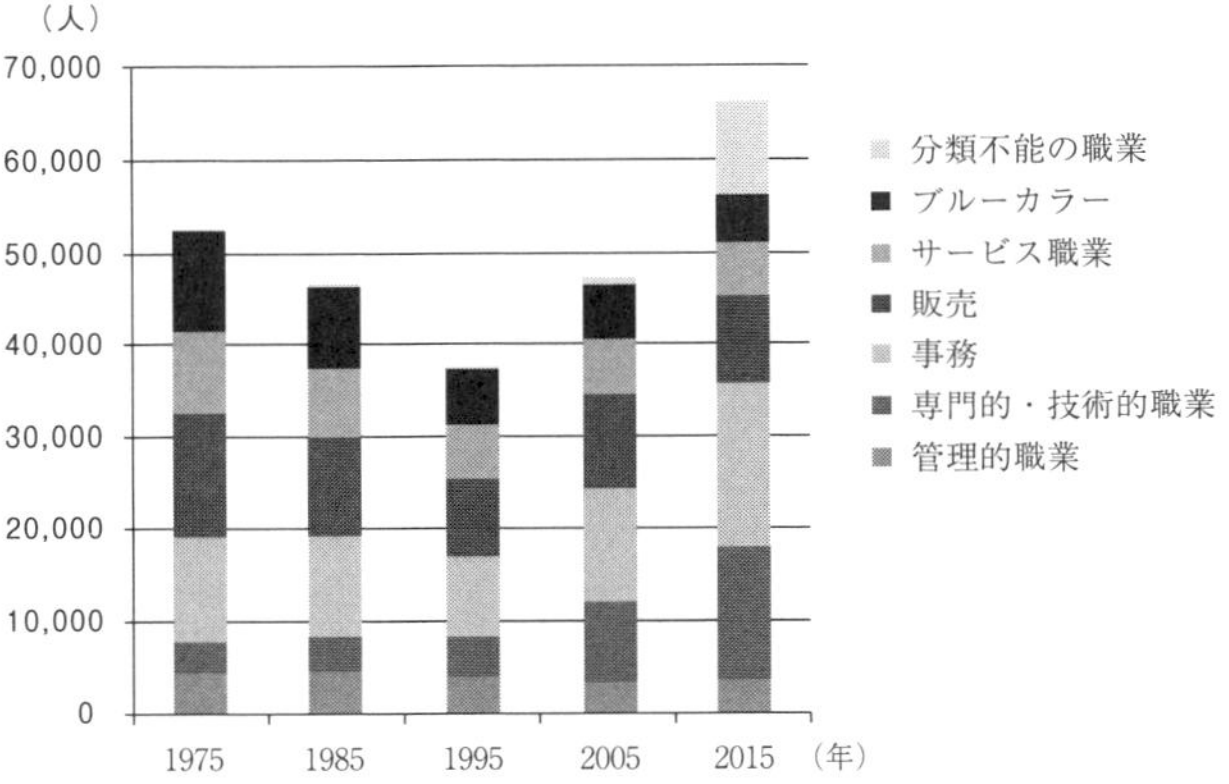

図表2-8-2　江東区在住者の職業別就業者数の推移

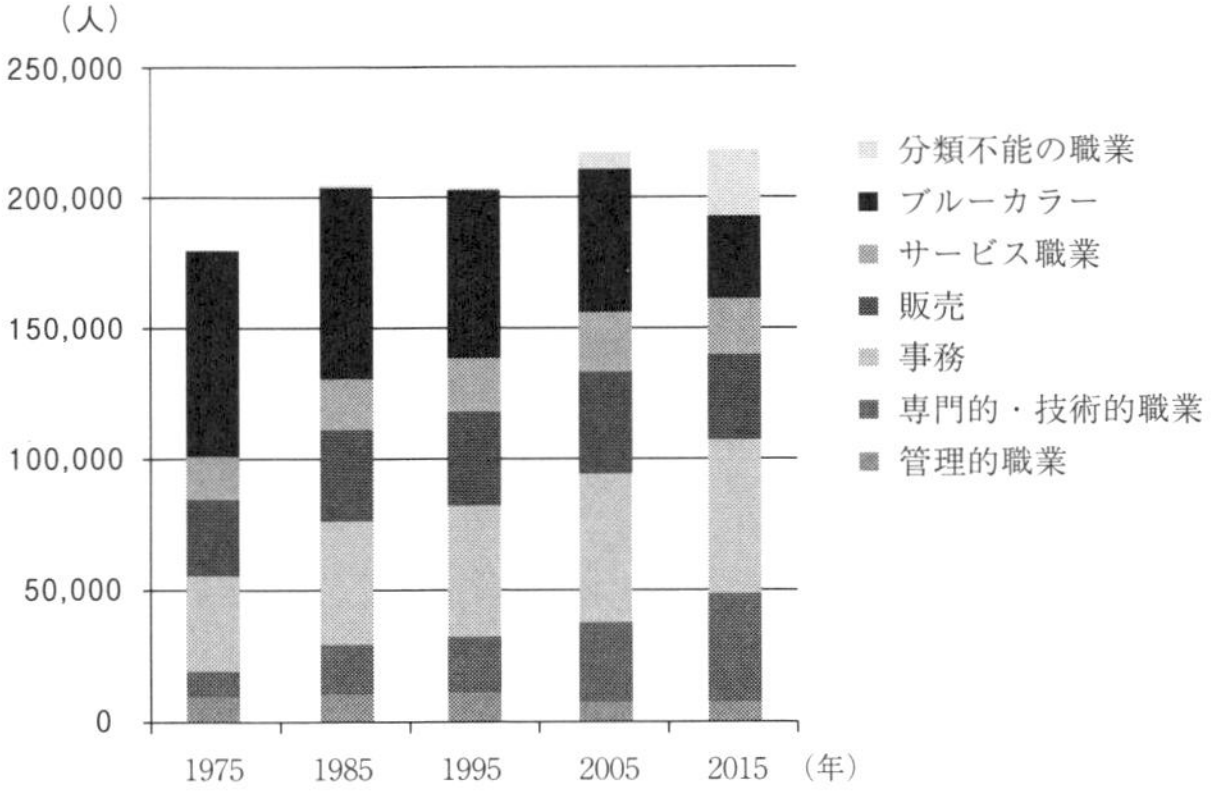

国勢調査より三浦展作成

補い、就業者総数が75年以降順調に増加している（図表2－8－2）。

†ホワイトカラーがあまり増えない足立区

それに対して足立区はどうか。そもそも就業者数が減っている。たしかに専門的・技術的職業は増えているが、75年から95年までの伸びに比して、95年以降の伸びは少ない。そしてブルーカラーも減っている。分類不能の職業は増えているが全体に対する比率は港区や中央区より低い（図表2－9）。

また、就業者数が減っているということは高齢化が一因だろう。現役世代が減り、引退した人が増えているのであろう。

江戸川区や葛飾区も足立区に少し似ていて、就業者総数が減少あるいは横ばいであり、職業別ではブルーカラーが減り、専門的・技術的職業は95年までは増えているが、95年以降は伸びが少ない。

対して荒川区は、就業者数が2005年以降増えている。専門的・技術的職業の伸びも比較的順調だ。汐入《しおいり》地区の再開発によりマンションが増え、新しい住民が増えたためだと思われる。やはり分類不能の職業は増えているが、全体に対する比率は港区や中央区より

足立区はブルーカラーが減少したことで就業者総数も減った

図表2－9　足立区在住者の職業別就業者数の推移

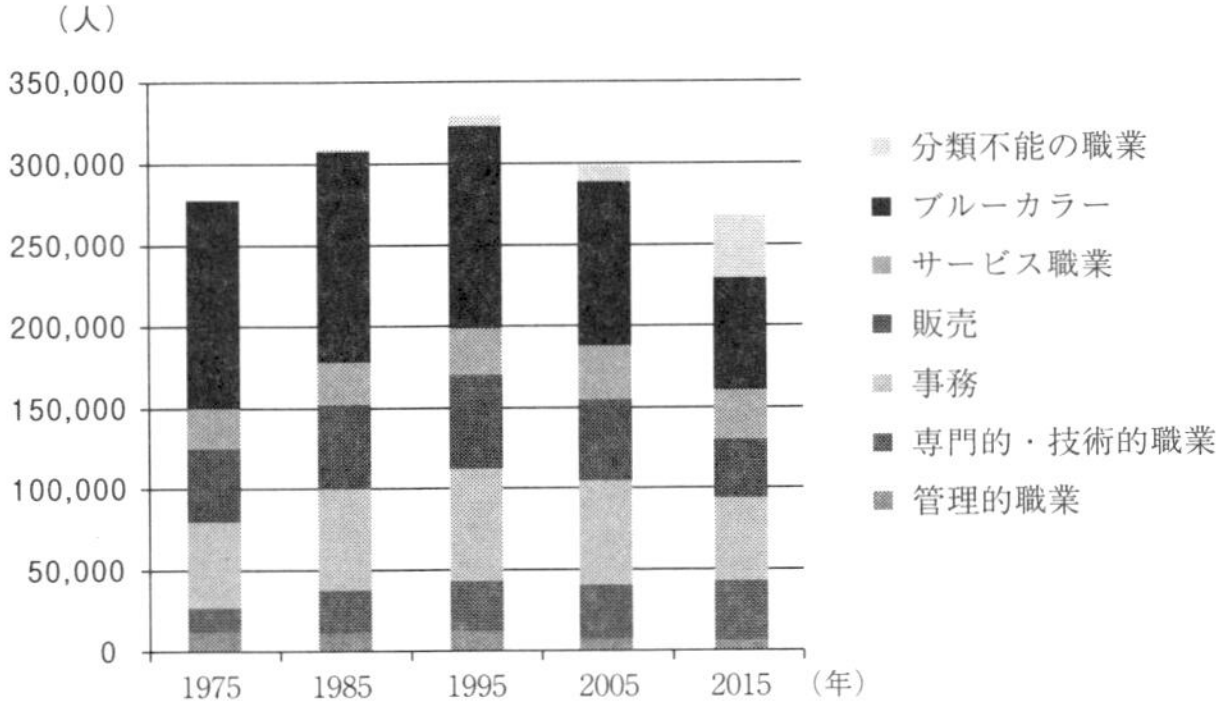

荒川区の就業者数は持ち直している

図表2－10　荒川区在住者の職業別就業者数の推移

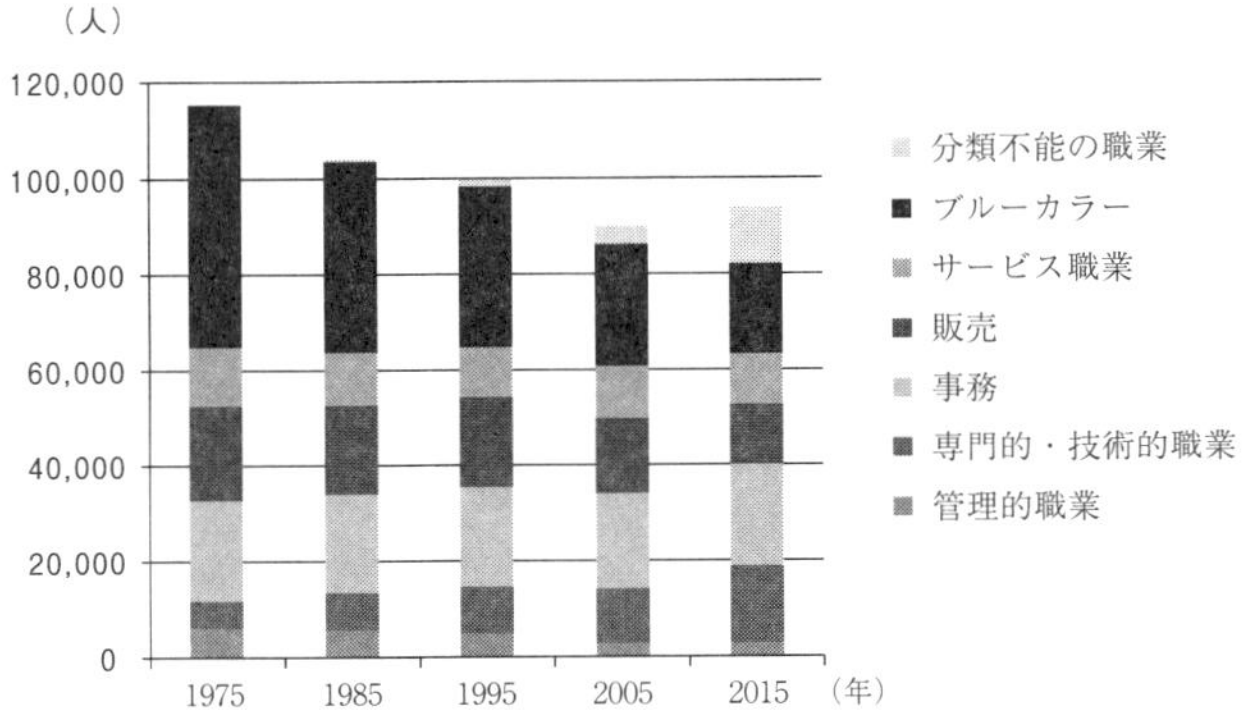

国勢調査より三浦展作成

低い（図表2－10）。

†自由業、自営業で活躍できるチャンスが重要

このように、23区の中でも人口が増えている都心は、専門職などのホワイトカラーの増加が原因であり、人口が減少している区は、ブルーカラーの減少とホワイトカラーの伸び悩みが原因であると言える。

ブルーカラー、特に職住近接、職住一致の中小零細工場で働く人々は、住む地域を通勤時間で選ばない。土地のイメージやブランドでも選ばない。おれはどうしても港区の工場で働きたいとは、おそらくあまり言わない。

しかしホワイトカラー、特に専門的・技術的職業の人々は、住む地域を選ぶ。できれば土地のイメージやブランドも高いことを望む。かつ通勤時間も短いことを望む。よって、港区や中央区が居住地として選ばれる。

このように見ると、同じ下町でも都心に近い区ほど分類不能の職業が増えているようである。これからの下町でも、自由業、自営業で活躍できるチャンスの増加が重要なのであろう。

3　1970年、中央区民の26%が小学校しか出ていなかった

†ブルーカラーの給料が高かった高度経済成長期

一方で、今まで述べてきたことと矛盾するが、1975年はブルーカラーの賃金が、高度経済成長時代の水準を維持していて、かなり高かったために、75年においては、ブルーカラーの多い区とホワイトカラーの多い区の間の所得格差が今ほど広がらなかった、あるいは格差を縮小すらさせたと言える面もあるかもしれない。

厚生労働省「賃金構造基本統計調査報告」により全国の事務系係員と高等学校教諭と建設機械操作手の月給を比べてみたのが図表2-11である。事務系係員を100とした指数で見ると、1964年および67年から75年までは建設機械操作手のほうが高等学校教諭よりも高い。かつ建設機械操作手のほうが高等学校教諭よりも平均年齢が毎年3～6歳若いことを考慮すると、大卒の高等学校教諭よりも中卒、高卒のブルーカラーのほうが給料が

高度経済成長期にはブルーカラーの収入は高かった

図表２-11　建設機械操作手と高等学校教諭の月給の推移

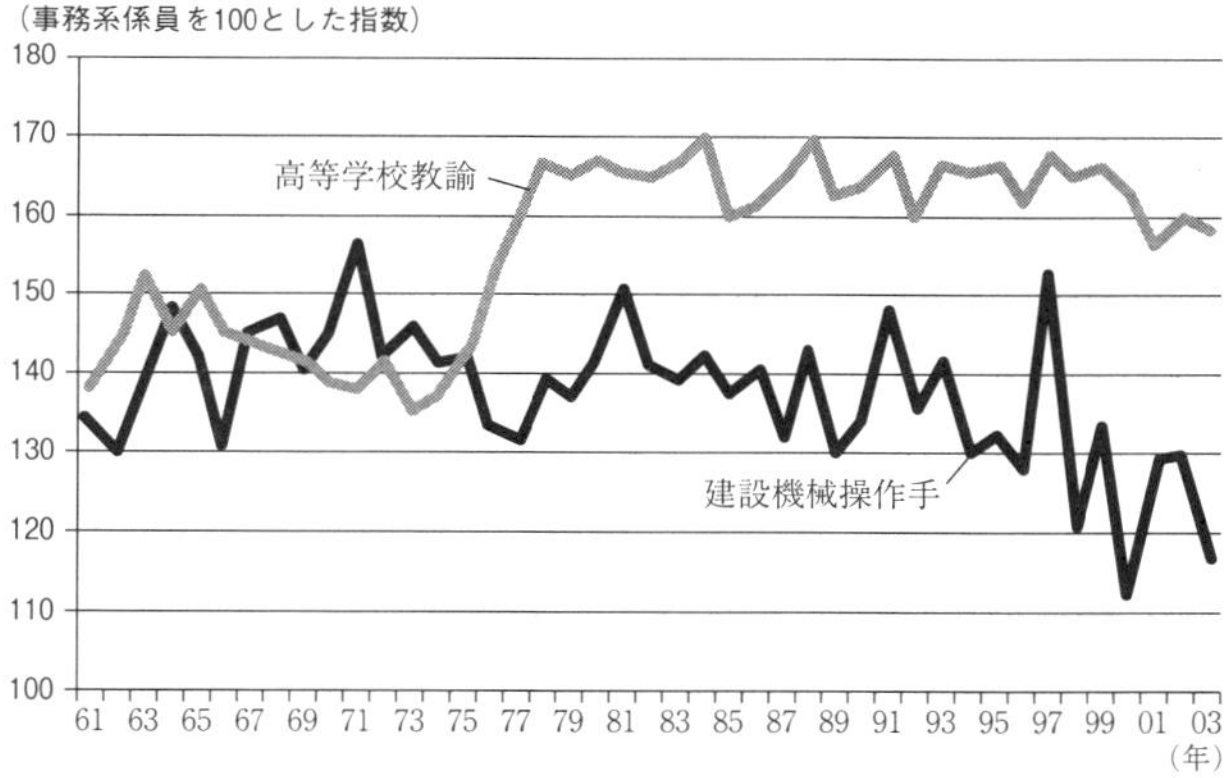

厚生労働省「賃金構造基本統計調査報告」より三浦展作成

よい時代だったとも言えるのだ。

しかし77年以降は、建設機械操作手の月給は下がり続け高等学校教諭との差が開き続けた。

このように考えると、千代田区、港区という都心区と、足立区、荒川区など下町の所得格差は、原則としては、ホワイトカラーが多ければ所得が高く、ブルーカラーが多ければ所得が低いということによってもたらされているのだが、１９７５年までは、一部のブルーカラーの所得が高かったことが、ホワイトカラーの多い区とブルーカラーの多い区の所得格差を縮めることにもなったと言えるのかもしれないのである。

†昔は都心の住民の学歴も高くなかった

次に学歴について見る。

下町は元々大卒者の少ない地域だった。1970年の国勢調査を東京都が23区別、町丁別に集計したデータがある（図2－12）。

それによると、たとえば最も大卒率が高い杉並区の大卒率は男女合計で21％だが、墨田、江東、足立、葛飾、江戸川は5％台である。格差が大きい。

面白いことに、都心の千代田区は小学校卒率が21％、中央区も小学校卒率が26％もある。墨田、江東、足立、葛飾、江戸川は小学校卒率が27―30％弱なので、中央区とあまり変わらない。

これは、千代田区でも、山の手の旧・麴町区と、下町の旧・神田区では学歴は異なったということであり、中央区でも店の主人の家では高学歴な人もいたろうが、使用人は低学歴だったということである。また、中央区や神田区では女性で大学まで進む人は少なかっただろうから、こういう結果になるのである。

表にはしていないが、町丁別の学歴を見ると、たとえば学者町である文京区西片1丁目

昔は高台に住む高学歴な層と、低地に住む低学歴な層が同じ区内で共存していた

図表2-12　23区住民の学歴（1970年、大学卒が多い順）

	小学／高小	新制中学校	旧青年学校	新高／旧中	短大・高卒	大学
23区	21.6%	17.2%	1.3%	41.0%	7.0%	11.8%
杉並区	13.8%	9.2%	1.0%	43.7%	11.4%	20.8%
世田谷区	15.1%	10.4%	1.2%	42.7%	10.8%	19.7%
目黒区	16.4%	12.1%	1.1%	43.1%	9.8%	17.4%
渋谷区	16.4%	11.1%	1.1%	44.5%	9.8%	17.0%
中野区	15.8%	11.4%	1.1%	45.6%	9.6%	16.4%
港区	19.5%	11.8%	1.2%	43.2%	8.7%	15.5%
新宿区	17.1%	12.9%	1.1%	45.2%	8.7%	14.9%
練馬区	16.9%	14.8%	1.4%	43.2%	8.8%	14.8%
文京区	20.2%	13.1%	1.2%	42.6%	8.1%	14.7%
千代田区	20.6%	11.3%	1.2%	44.9%	8.0%	13.9%
豊島区	19.2%	15.3%	1.2%	44.2%	7.5%	12.4%
大田区	20.9%	18.6%	1.4%	41.4%	6.9%	10.8%
品川区	22.3%	17.4%	1.4%	42.5%	6.6%	9.9%
中央区	26.0%	14.2%	1.3%	43.5%	5.7%	9.4%
北区	23.7%	17.2%	1.4%	42.9%	5.8%	9.0%
板橋区	23.5%	19.5%	1.6%	41.3%	5.6%	8.4%
台東区	28.3%	18.4%	1.3%	39.4%	4.8%	7.7%
葛飾区	27.6%	24.7%	1.5%	36.4%	4.1%	5.8%
江東区	27.2%	24.9%	1.6%	37.0%	3.6%	5.6%
足立区	29.1%	26.2%	1.4%	34.1%	3.5%	5.5%
墨田区	29.7%	24.8%	1.4%	35.4%	3.6%	5.1%
江戸川区	27.1%	27.5%	1.4%	35.1%	3.7%	5.1%
荒川区	31.7%	23.3%	1.5%	35.0%	3.5%	4.9%

注：小学＝小学校、高小＝高等小学校、新高＝新制高校、旧中＝旧制中学校
東京都「国勢調査　町丁目別」1970年より三浦展作成

は29％が大卒である。だが同じ文京区でも工場地帯である小石川1丁目は1割に満たない。同様に港区でも、山の手の白金台3丁目は24％だが、古川沿いの白金1丁目は1割に満たない。海沿いの港南1、2丁目は5％未満である。

このように、高度経済成長期までは、都心であっても、高台に住む高学歴な層と、低地に住む低学歴な層が同じ区内に、あるいは同じ家の中に一緒に住んでいたのだ。山の手階層と下町階層が共存していたのである。

†港区民と足立区民の給与の差は1・6倍だった

学歴と関連して興味深いデータを示すと、東京都が、千代田区で働く人の居住地別の給与という調査を1967年に行っている（図表2－13）。

それによると最も給与が高いのは世田谷区民であり101万3835円。2位が杉並区民で97万6268円。3位が港区で95万6373円。最も低いのは荒川区民であり47万5738円。2番目に低いのが江戸川区で52万7756円。足立区は下から4位で、61万3578円だった。

千代田区で働くという条件付きなので、各区の区民の平均ではないが、世田谷区と荒川区の差は2倍以上であるものの、港区民と足立区民の給与の差が1・6倍程度であり、先に述べたデータと合わせて考えても、高度成長期においては港区―足立区格差、都心―下町格差が今より小さかったということが言えそうである。

また世田谷区、杉並区が港区よりも上だというのは、時代を感じさせる。かつては西郊の高級住宅地に住むことが、一流企業の役員、役職者であることの証しであったのだろう。おそらく今は港区が1位ではないだろうか。

そして、近年は大学進学率が上がっている。大卒でホワイトカラーになった下町出身者は、下町から出て、都心に住むことも多いだろう。だから下町のホワイトカラー人口が増えない、あるいは減ってしまうのである。

結果、港区には比較的所得の高い人々が多く住むようになる。所得の低

港区民と足立区民の給与の差は1.6倍だった

図表２−13　千代田区で働く人の居住地別の給与（1967年）

流入地	平均給与（円）
総数	797,873
世田谷区①	1013,835
杉並区②	976,268
港区③	956,373
目黒区④	943,272
渋谷区⑤	911,213
墨田区⑱	641,000
台東区⑳	582,796
江東区㉒	505,671
足立区⑲	613,578
葛飾区⑭	732,939
江戸川区㉑	527,756
荒川区㉓	475,738

注：◯は区の平均給与の23区内の順位（当時）
出所：東京都『東京百年史』第６巻

い、特にブルーカラーの人々は、職場がなくなり、都心の外側の地域へ引っ越していく。工場の経営者はオフィスビルやマンションを建てて大家業に転換したかもしれず、それにより所得が増えた可能性もある。高級なマンションには、昔なら田園調布や成城学園に住んだような会社役員や芸能人が住むようになる。大体こうした流れによって、港区民の所得が上昇したのであろう。

4　北区の高齢者率25%、中央区は16%

†高齢化による所得減少

港区―足立区格差のもう一つの原因と考えられるのが高齢化である。

就業者数が伸びるということは現役世代が増えるということであり、30―40代を中心とした年齢層が増えているということである。

逆に就業者数が減るということは、現役世代が減り、引退した高齢者が増えているということだろう。

23区の高齢者率（総人口に対する65歳以上人口の割合）を見ると、北区、足立区、葛飾区では過去30年間で９％前後から25％前後に高齢者率が上昇している（図表２－14）。

対して、中央区は１９８５年には高齢者率が14％と高かったのに２０１５年は16％と、あまり変わっていない。それどころか１９９５年からずっと減っている。高齢者の絶対数は増えたはずだが、それを補ってあまりある若い世代が大量に流入してきたからである。

また、千代田区、港区も高齢者率が近年減っている。渋谷区、新宿区、文京区、豊島区も高齢者率の増え方がゆるやかである。現役世代である生産年齢人口が都心に集中し、周辺の区部、あるいは郊外などでは逆に現役世代が吸い取られて、高齢者ばかりになる、という状況が進んでいるのである。

とはいえ、北区、足立区の高齢者率ですら25％程度であり、日本全体の平均とあまり変わらない。対して、郊外では八王子市の高齢者率が25・６％、町田市が25・９％、多摩市が27・０％などとなっており、かつてのニュータウンのオールドタウン化が指摘されているのは周知の事実である。

北区、足立区、葛飾区で高齢者率が上昇

図表2-14　23区の高齢者率（総人口に対する65歳以上人口の割合）

	1985年	1995	2005	2015
北　区	10.4%	15.9%	22.1%	25.4%
足立区	7.5%	11.5%	18.8%	24.2%
葛飾区	8.9%	12.9%	19.4%	24.1%
台東区	13.6%	18.4%	23.0%	23.8%
荒川区	11.8%	16.6%	21.6%	23.2%
墨田区	10.9%	15.3%	20.1%	22.7%
板橋区	8.2%	12.4%	17.9%	22.6%
大田区	9.5%	13.8%	18.2%	22.3%
練馬区	7.7%	11.9%	17.4%	21.3%
江東区	7.4%	12.0%	17.5%	21.1%
品川区	10.0%	14.5%	18.5%	21.0%
杉並区	10.2%	14.3%	18.0%	21.0%
中野区	10.2%	14.7%	18.6%	20.9%
豊島区	10.8%	15.9%	19.6%	20.4%
江戸川区	7.0%	9.7%	15.0%	20.3%
新宿区	10.4%	15.7%	19.2%	20.0%
文京区	11.9%	16.7%	19.3%	20.0%
世田谷区	9.4%	13.5%	17.0%	20.0%
目黒区	10.6%	14.9%	17.8%	20.0%
渋谷区	10.2%	15.4%	18.0%	19.2%
千代田区	13.5%	17.9%	19.9%	18.6%
港　区	11.2%	16.0%	18.1%	17.4%
中央区	13.3%	16.2%	16.8%	16.4%

東京都「住民基本台帳」より三浦展作成

†中央区は昔は高齢者が多かった

図表2－15は15―64歳の生産年齢人口に対する65歳以上の老年人口の割合（これを私は「現役世代負担率」と呼ぶ）である。高齢化によりだいたいどの区も現役世代負担率が増えている。

しかし、区ごとに見ると、千代田、中央、港の都心三区は、2000年以降、現役世代負担率が下がるか、横ばいになっている。15年の現役世代負担率は2割台であり、23区平均の32・8％よりかなり低い。

新宿区、文京区、豊島区、目黒区、渋谷区も現役世代負担率がなんとか2割台である。特に豊島区は現役世代負担率が2005年から15年で下がっているのが興味深い。消滅可能性都市と言われて若い世代の特に女性が住みやすい区を目指して施策を打ったことが数字に表れたのではないかと思われる。

逆に、足立、葛飾、北の三区は、現役世代負担率が上昇しつづけ、2015年は4割前後もある。

また興味深いのは、板橋区、練馬区、足立区、葛飾区、江戸川区、江東区、大田区では、

若い世代が増えた都心は高齢者を支えやすくなった

図表2-15　現役世代負担率の推移（15-64歳の生産年齢人口に対する65歳以上の老年人口の割合）

	1975年	1980	1985	1990	1995	2000	2005	2010	2015
23区	9.1%	11.4%	12.9%	15.1%	18.5%	22.8%	26.7%	29.5%	32.8%
千代田区	**14.7%**	**18.7%**	**20.5%**	**23.4%**	**29.0%**	**30.2%**	29.2%	28.6%	26.0%
中央区	**15.5%**	**19.2%**	**19.8%**	**21.6%**	24.7%	25.4%	21.8%	22.9%	22.4%
港区	11.3%	13.9%	15.4%	18.7%	22.5%	24.8%	24.3%	24.8%	25.1%
新宿区	9.1%	11.6%	13.5%	16.8%	20.5%	22.9%	25.5%	29.2%	28.1%
文京区	11.2%	14.1%	16.1%	18.9%	22.6%	24.8%	25.4%	28.5%	28.6%
台東区	13.3%	17.0%	19.1%	21.9%	26.5%	**30.4%**	**34.0%**	**36.5%**	**35.3%**
墨田区	10.6%	13.6%	15.5%	17.9%	21.3%	25.5%	29.2%	32.5%	34.4%
江東区	7.2%	9.0%	10.3%	12.6%	16.4%	20.8%	24.3%	28.6%	32.1%
品川区	9.9%	12.2%	13.4%	15.5%	19.6%	23.8%	24.9%	28.5%	30.5%
目黒区	10.4%	12.6%	14.1%	16.6%	19.8%	24.0%	26.0%	26.9%	28.8%
大田区	8.9%	11.5%	13.3%	15.7%	19.0%	22.5%	26.2%	30.2%	33.7%
世田谷区	9.3%	11.1%	12.3%	14.5%	17.7%	21.9%	24.0%	26.3%	32.2%
渋谷区	9.3%	11.6%	13.1%	16.7%	20.2%	22.7%	25.1%	26.4%	29.5%
中野区	9.1%	11.6%	13.3%	15.9%	19.4%	21.8%	24.8%	28.2%	30.3%
杉並区	9.8%	12.0%	13.5%	15.5%	19.1%	22.8%	26.1%	27.7%	33.6%
豊島区	9.2%	12.1%	14.1%	16.8%	20.9%	25.2%	29.7%	29.5%	27.9%
北区	9.2%	12.0%	14.4%	17.2%	22.1%	27.1%	31.3%	37.4%	**40.1%**
荒川区	10.7%	13.9%	16.0%	18.8%	23.0%	27.0%	30.3%	34.7%	**35.6%**
板橋区	7.6%	9.6%	11.4%	13.3%	13.8%	22.6%	27.7%	30.2%	**35.5%**
練馬区	7.3%	9.1%	10.5%	12.6%	16.5%	21.7%	30.2%	28.9%	33.5%
足立区	7.6%	9.3%	10.8%	12.4%	16.1%	22.5%	29.6%	34.0%	**39.7%**
葛飾区	8.5%	10.7%	12.5%	14.3%	18.1%	23.6%	29.3%	34.0%	**38.7%**
江戸川区	7.3%	8.7%	9.8%	10.7%	13.1%	17.6%	22.0%	27.1%	31.3%

国勢調査より三浦展作成

１９７５年時点では現役世代負担率が７―８％台と低い点である。

これらの区はかつて町工場など工場が多かった地域であり、若い労働者がたくさん住んでいたからだと思われる（ただし練馬区については工場よりも自衛隊の影響が考えられるが）。

それに対して千代田区、中央区、台東区は75年時点で現役世代負担率が14％前後ある。古い区であり、高齢者が当時から多かったことや、そこで生まれた若い世代が郊外などに転出したためであろう。

つまり、75年に若い世代が多かった地域は、２０１５年にその若い世代が高齢者となり、しかし次の若い世代が入って来ないために、現役世代負担率が上がってしまったのである。対して、もともと高齢者が多く、現役世代負担率が高かった都心の区では、近年生産年齢人口が流入することで、現役世代負担率を下げることができたのである。

†生活保護の被保護世帯が下町で増加

最後に生活保護の被保護世帯数を見る。23区各区の世帯総数に対する被保護世帯数の比率を見ると、高度経済成長期、１９５５年から70年にかけては、全ての区で比率が下がっていた。75年はオイルショックの影響か、ふたたび比率が高まるが、その後90年まではまた比率が低下する（図表2−16）。

それが90年以降はまた比率が上昇していく。とりわけ上昇しているのが台東区であり、75年以降はつねに被保護世帯数の比率がトップであり、かつ70年以前よりも比率が高い。

ついで足立区、板橋区、荒川区、墨田区、葛飾区、江戸川区という下町地域の被保護世帯数の比率が軒並み上昇しており、1955年の水準に戻っているか、それ以上に被保護世帯数の比率が高まっていることがわかる。

それに対して、中央、港、目黒、千代田、世田谷など、都心とその西側の区においては、被保護世帯数の比率は上昇はしているが、上昇傾向はゆるやかである。

若くて稼げる世代が23区内の山の手からはもちろん、地方からも23区の下町からも都心に移動し、現役を退き、高齢者となった稼げない世代が下町や地方に残るという構造が透けて見える。

†下町の復活はあるか

だが今、足立区の北千住はタワーマンション建設などで大変貌中だ。しゃれた店も増えている。北千住以外でも、足立区にはまだまだ開発可能な土地がある。そこに大規模マン

下町各区では生活保護を受ける世帯が増えている

図表2-16　主な区の全世帯数に対する生活保護被保護世帯の比率の推移

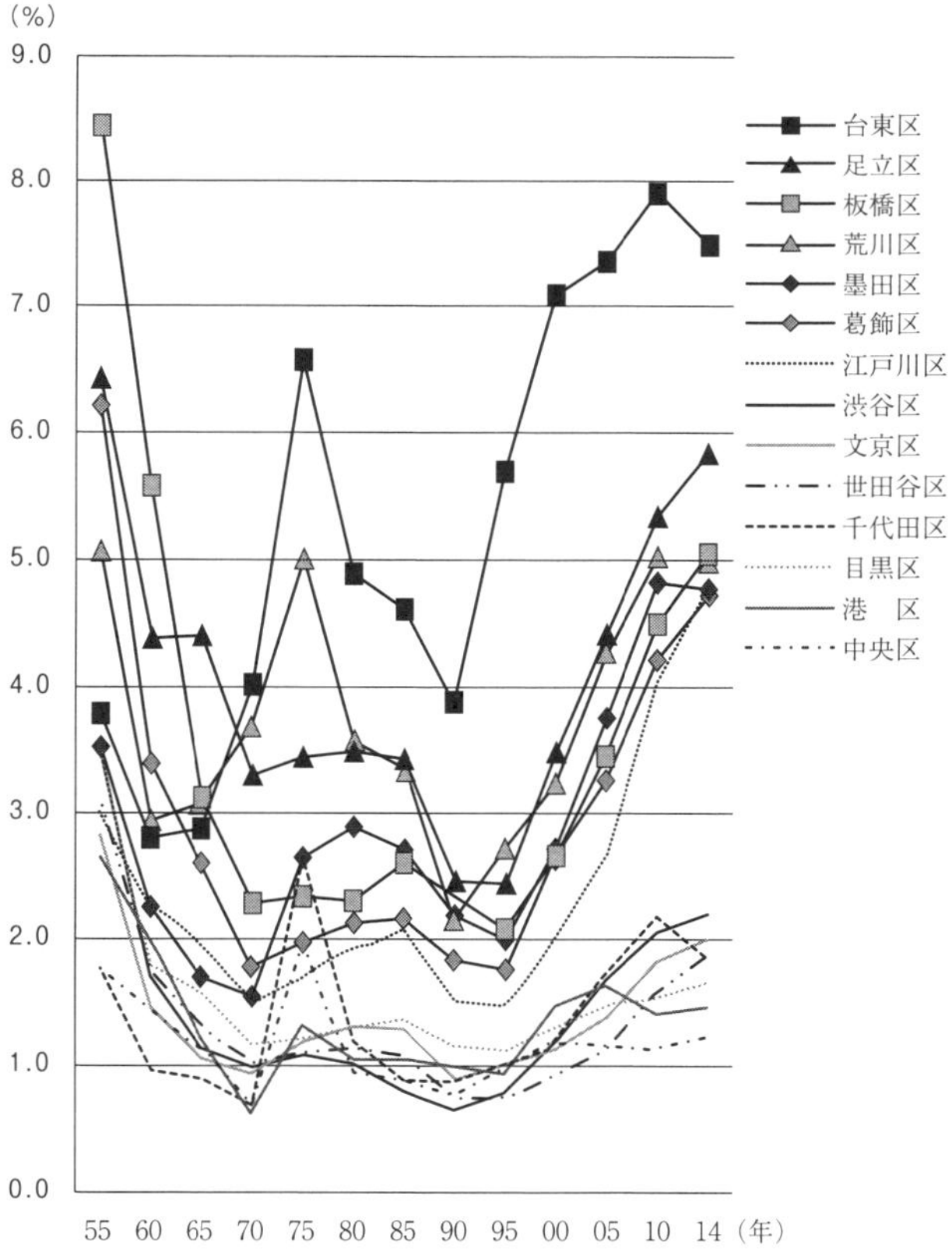

東京都ホームページ資料より三浦展作成

北千住はタワーマンションブーム

ションが建設されれば、若いホワイトカラーなどの高所得層が多く住むようになり、足立区の所得全体が上がっていく可能性もある。

他方、中央区は面積から言って、いつまでも開発が続くとは言えない。そうするとまた10年後か20年後に、都心と下町の各区の格差が縮まることもありうるのかもしれない。

これまで見てきたように、港区も中央区もかつては多くの「下町」的な要素を含み、ブルーカラーがたくさん住んでいた。私の好みとしては、ホワイトカラーだけが住む街よりも、ホワイトカラーもブルーカラーも少しは混在した街の方が好きである。

ホワイトカラーだけが住む街というのは郊外のニュータウンの戸建て住宅地ゾーンのようなものであって、街として均質すぎる。男女ともに仕事をすることだけが優先されており、プライバシーが重視されすぎ、コミュニティが育ちにくい。子どもが社会性を持った人間としてうまく育つ環境かどうかは疑問である。

つまり近年都心部で起こってきたマンション開発は、都心にありながら「郊外化」を進めてしまったのだ。それは多様な人間の交流という都市生活のメリットを衰弱させているのである。

だとしたら、ブルーカラーを追い出してホワイトカラーだけのマンション街になっていく港区や中央区よりも、下町の各区のように、ホワイトカラーも自由複業者もブルーカラーも混在する地域のほうが今後は楽しく住める街ができる可能性もある。下町の自治体がそこまで考えてマンション開発をしているかどうかはわからないが、私としてはそういうまちづくりの可能性も期待したい。

実際、2018年3月に発表された公示地価によって、東京都で地価上昇率上位の鉄道沿線を見ると、1位は地下鉄日比谷線で6・15％増だが、2位は東京臨海高速鉄道りんかい線で5・99％、以下、ゆりかもめ5・73％、都営浅草線5・67％、東京モノレール5・22％などと続き、8位は南北線5・18％、9位は都営日暮里・舎人《とねり》ライナー5・18％、11位は都営大江戸線4・83％、12位は都電荒川線4・76％などとなっている。日比谷線を除けば、メジャーな路線とは言いがたい。台東区、江東区、墨田区、荒川区、足立区、北区など下町と湾岸を走る路線が多い。

小田急小田原線沿線は伸び率が0・58%しかないし、京王線は1・41%、東急田園都市線は2・02%、東急東横線ですら3・47%である。こうした西側の成熟した地域の路線よりも東側、北側の路線が伸びているのである。

なかでも舎人ライナーは山手線の日暮里駅から荒川区、足立区を縦貫する路線であり、特に足立区の同線沿線は、私も視察に行ったが、特にまだ大きなマンションもなく、これから開発余地が大きい地域である。荒川区側から隅田川を渡った足立小台《おだい》駅周辺は地価上昇率が5・46%と沿線平均を上回る。

都心とその周辺の人口増加がしだいにピークとなり、足立区、葛飾区、あるいは杉並区でも中央線ではなく西武新宿線沿線など、現状では伸び悩んでいる地域が今後は人口を増やしていく可能性もないとは言えないのである。

第３章

中央区の30-50代の未婚女性は6000人も増えた！

——女性から見た都心集中

1　都心は「男性中心」から「女性中心」へ

†女性が男性よりたくさん東京に集まってくる時代

いつの時代も東京には全国から若い世代が流入してくる。

しかし23区の人口を男女別に見ると、25―34歳の若い世代で、近年、男女差が縮まってきている。昔は男性のほうが多かったのだが、今はほとんど差がないのだ（図表3―1）。

従来大都市の若年層は未婚男性が未婚女性よりもかなり多いという傾向があった。大都市が必要とする労働力需要は女性よりも男性を必要としたからである。まず肉体労働は圧倒的に男性の仕事であり、そしてホワイトカラーの仕事については、昔は男性の大卒者の数が女性の大卒者よりもずっと多かったからである。

ところが近年、肉体労働への需要が減少したことにより男性への需要が減った。また女性の大卒者が増え、かつ若年人口の減少により男性だけでは人手不足であることによって、

若い世代の人口の男女差が縮まってきた
図表3－1　23区内の25-34歳の男女の人口推移

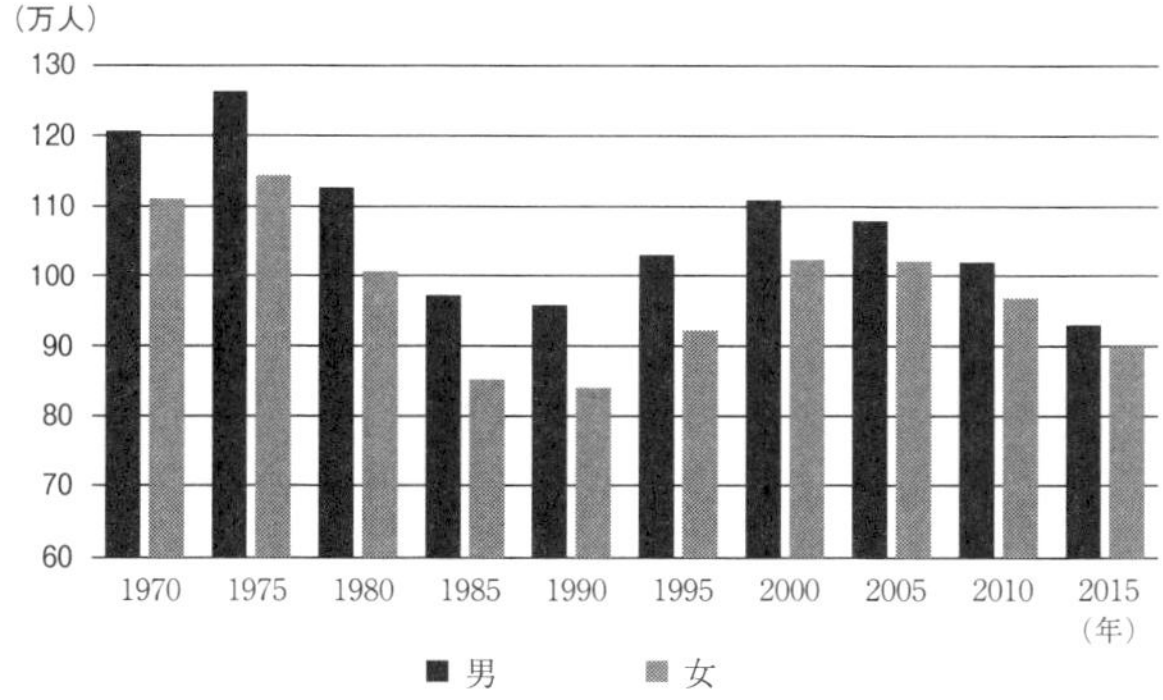

国勢調査より三浦展作成

大都市は男性と同じくらい女性のホワイトカラーを必要としはじめたのである。

したがって、東京都への転入者も、男性が減少傾向にあるのに、女性は横ばいである。若年人口が減少していることを考慮すると、東京都以外に住んでいた女性が東京都内に転入してくる割合は近年増加していると考えられる（図表3－2）。

また東京都への転入超過人口（転入人口マイナス転出人口）を見ると、2007年までは男女がほぼ同じだったが、近年は女性の転入超過人口が男性よりも多くなっている。（図表3－3）

つまり全国から若い女性が東京都、特に23区内に転入し、その後東京都内に定着する傾

男性の転入者数は減ってきたが女性は変わらない

図表３－２　東京都への男女の転入者数の推移

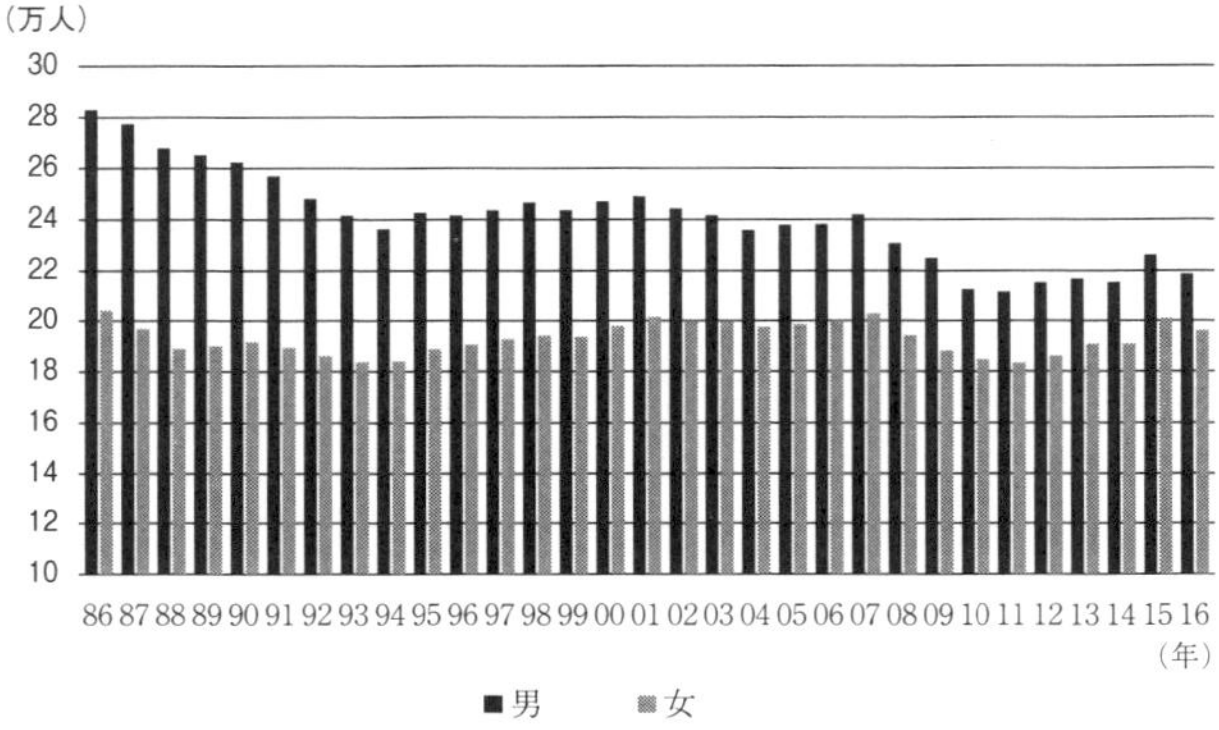

住民基本台帳より三浦展作成

男性よりも女性が転入超過になってきた

図表３－３　東京都の男女の転入超過人口の推移

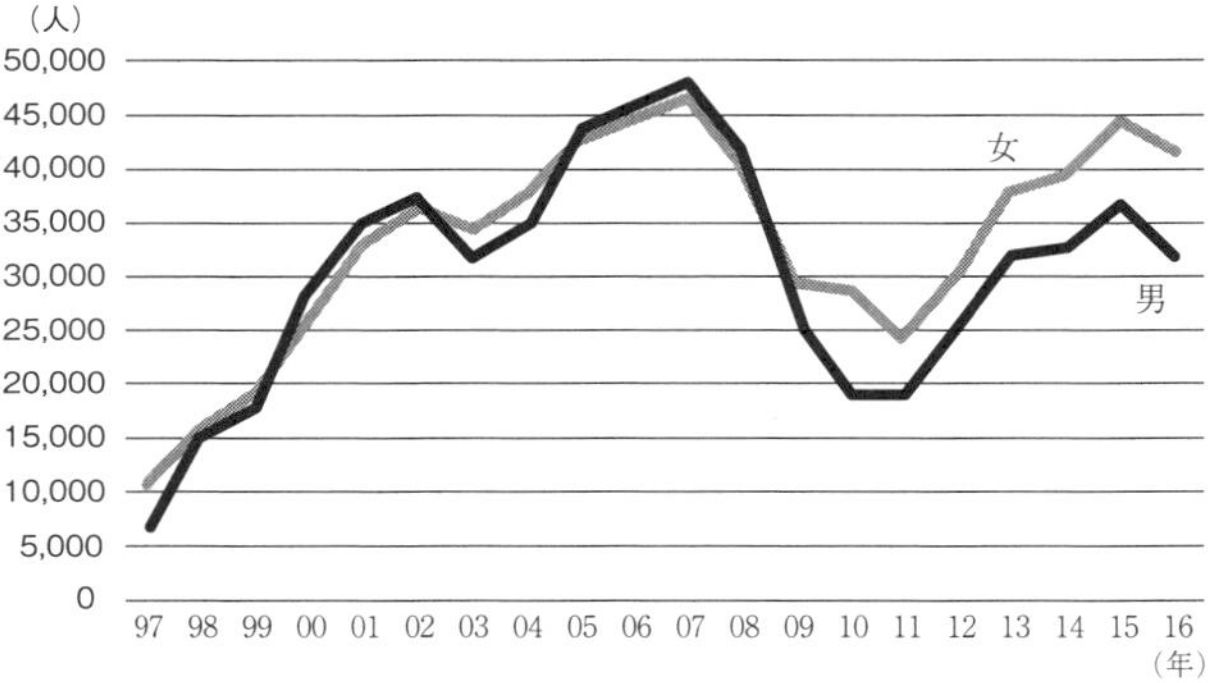

東京都資料より三浦展作成

向が男性よりも強まっていると言える。東京は女性の自由な生き方を許容するが、地方に帰ると、たとえ千葉県、埼玉県でも、ちょっとでも田舎に行くと、男尊女卑的な価値観が残っているのが、女性が東京に居残る理由の一つである。

†かつて都市は男性中心だったが

大都市には本来若い未婚者が多い。そして男女比では未婚男性が未婚女性よりも多い、というのがこれまでの原則である。

江戸時代はまさにそうだったし、近代以降の東京もそうであった。労働力としてまず若い男性が都市に流入し、金を稼ぎ、年齢的な頃合いを見て、出身地の田舎から嫁を貰うなどのケースが多かったからだ。たとえば1920年の東京市（15区）の未婚者数は男性が女性の2・82倍、25～29歳では3・5倍だったのだ（図表3－4）。

このように昔の東京は、若い未婚者についていえば、男性のほうが女性よりもずっと多い地域だった。だから、男性向けに多くの花街などの慰安施設が東京中にあったのである。

ところが戦後になると、30代以上では女性のほうが未婚者が多くなる。男性が戦死などで減ったため、未婚のまま年をとった女性が増えたからである。

たとえば1970年の23区の未婚者数の男女比を見ると、20—34歳では圧倒的に男性のほうが多い（1・5〜2・5倍）のに対して、35歳以上では女性のほうが多くなっているのである。

これが2000年になると、23区の未婚者数は20歳から60歳にかけてずっと男性のほうが多くなる。常識的には、大都市の人口の特徴として、そういう状態がいちばんしっくりくるだろう。

ところが2015年は20代前半については男女の未婚者数がほぼ同数になっており、30—54歳も男女差が縮まっている。若年人口減少による人手不足と、女性の高学歴化などを背景として、若いときから女性が男性と同様に23区内に転入するケースが増えたと考えられるのだ。

また第2次ベビーブームのおかげで、40代前半については2015年の女性の未婚者数は2000年の男性の未婚者数よりも多くなっている。

未婚者数を見る限り、東京は男性優位の都市から、男女同数の都市へと変わろうとしているのである。

東京は男女未婚者が同数の都市になってきた

図表３－４　東京15区および23区の未婚者数の男女比（男／女）

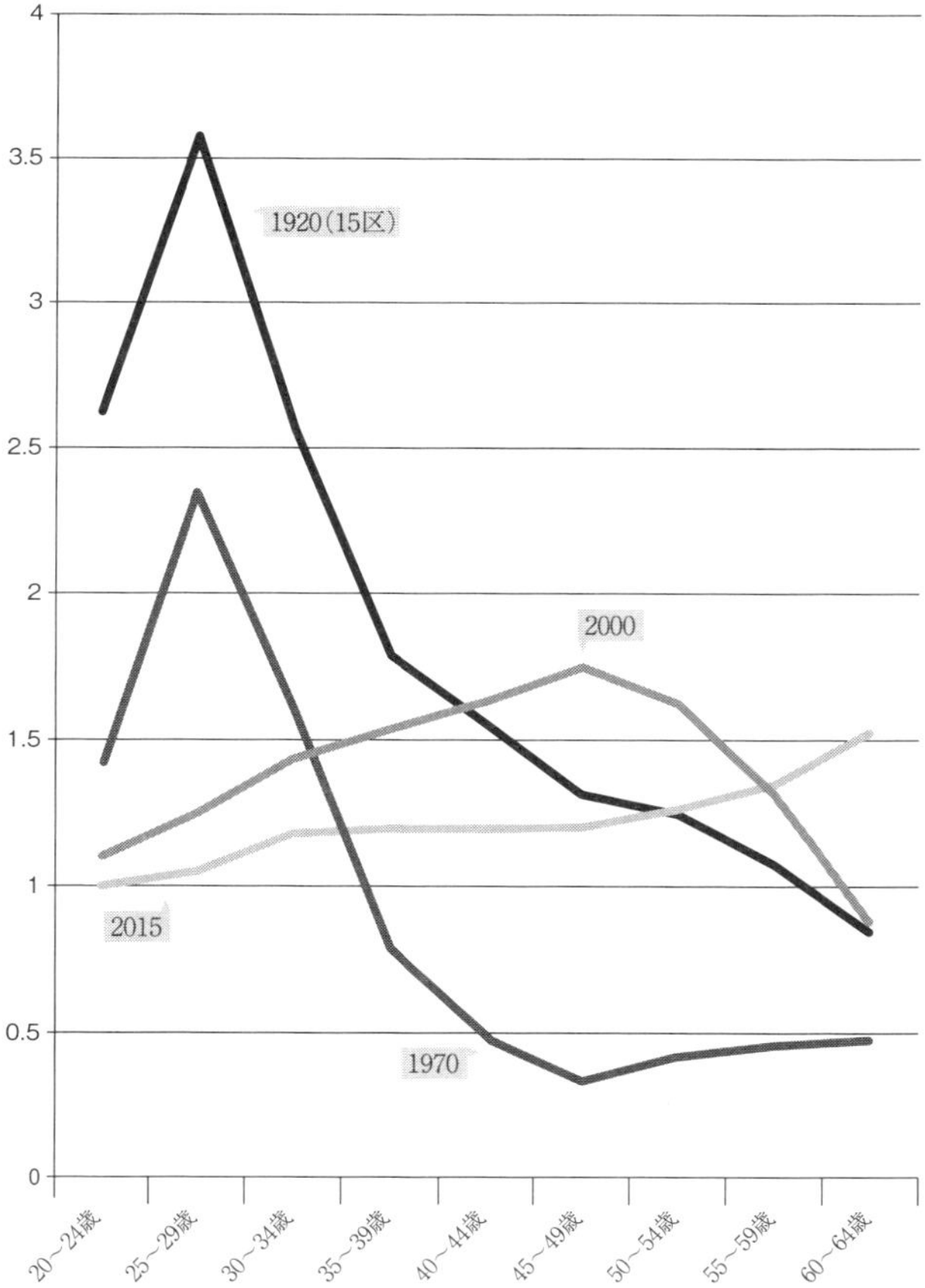

東京市勢調査および国勢調査より三浦展作成

†未婚女性が多く住んでいる区はどこか？

では現在、未婚女性は23区のどこに住んでいるか。２０１５年の女性の未婚率を区別に見ると、新宿区が39％で最も高く、以下、渋谷、豊島という副都心が並び、次いで、中野、目黒、文京、杉並という都心およびその西側の区、あるいは静かで治安の良さそうな住宅地が多い区が上位を占めている（図表３－５）。

未婚女性が働く場所がそうした地域に多い、あるいは、後で見るように、一人暮らしできる年収の高い女性が住みたがる街がそれらの地域に多いのであろう。

男性は、やはり新宿区が45％とダントツの1位であるが、2位は荒川区の36％である。以下、豊島、中野、大田、墨田となっており、板橋、葛飾、北、台東も比較的上位に位置する。女性未婚率が副都心およびその西側で高いのに対して、男性は下町、かつて工場地帯の多かった区で未婚率が高いという傾向があるのである。これは、これらの地域の男性の収入が低いために結婚が遅れることも一因であろう。

同じ未婚者でも男性と女性では住む区が違う

図表3－5　23区別の男女の未婚率

	男性		女性
新宿区	44.9%	新宿区	38.7%
荒川区	36.0%	渋谷区	32.2%
豊島区	35.8%	豊島区	31.9%
中野区	35.8%	中野区	31.7%
大田区	35.1%	目黒区	31.2%
墨田区	34.1%	文京区	31.0%
文京区	33.7%	杉並区	30.6%
板橋区	33.4%	品川区	29.1%
渋谷区	33.1%	千代田区	28.8%
葛飾区	33.1%	世田谷区	28.6%
北区	32.9%	大田区	28.6%
台東区	32.9%	荒川区	28.4%
江戸川区	32.9%	墨田区	28.4%
品川区	32.5%	板橋区	28.1%
足立区	32.4%	中央区	27.5%
杉並区	32.2%	港区	27.1%
目黒区	32.0%	台東区	27.1%
練馬区	31.4%	北区	26.7%
世田谷区	31.0%	練馬区	26.6%
千代田区	29.7%	江戸川区	25.8%
江東区	29.7%	葛飾区	25.1%
港区	26.5%	江東区	24.8%
中央区	26.2%	足立区	24.3%

国勢調査より三浦展作成

†23区中16区で未婚女性が増加

次に、1995年から2015年にかけての未婚者の増減を見る（図表3－6）。すると1995年には、未婚女性が未婚男性より多い区は、港、目黒、渋谷の3区だけだったし、男女差もわずかだった。また、それら3区の未婚女性数は、1995年から2015年にかけて伸びが顕著である。

加えて2015年は、中央、文京、世田谷、杉並の4区でも未婚女性が未婚男性より多くなっている。かつ中央、港、渋谷、目黒、世田谷、杉並という6区では、女性が男性より数千人ほど多くなったのである。

また、1995年から2015年にかけて未婚女性が増加したのは千代田、中央、港、新宿、文京、台東、墨田、江東、品川、荒川など16区ある。それに対して、未婚男性が増加したのは千代田、中央、港、新宿、台東、墨田、江東、荒川の8区だけである。男女ともに未婚者が増えた区であっても、未婚女性の増加数は未婚男性の増加数よりずっと多い（台東区だけ男性のほうが多く増えた）。

1970年とは異なり、戦争のために未婚のまま年をとった女性は1995年以降の64

23区内に未婚女性が増えている

図表3－6　23区別・男女別の未婚者数（1995年と2015年、人）

	1995年			2015年		
	男性	女性	女性－男性	男性	女性	女性－男性
千代田区	6,112	5,581	－531	**7,394**	**7,200**	－194
中央区	10,288	9,181	－1,107	**15,414**	**17,959**	2,545
港区	22,125	22,878	753	**26,281**	**30,826**	4,545
新宿区	53,234	45,892	－7,342	**66,656**	**57,740**	－8,916
文京区	30,853	27,548	－3,305	30,309	**30,599**	290
台東区	26,883	20,205	－6,678	**30,205**	**23,401**	－6,804
墨田区	36,431	27,954	－8,477	**38,418**	**32,558**	－5,860
江東区	60,955	44,952	－16,003	**63,245**	**54,433**	－8,812
品川区	57,051	47,915	－9,136	53,257	**49,683**	－3,574
目黒区	41,245	41,696	451	36,837	41,131	4,294
大田区	111,863	82,373	－29,490	110,114	**89,837**	－20,277
世田谷区	142,993	128,967	－14,026	109,868	115,379	5,511
渋谷区	34,708	34,780	72	30,245	32,570	2,325
中野区	61,042	51,531	－9,511	52,295	46,088	－6,207
杉並区	94,264	86,739	－7,525	75,871	79,296	3,425
豊島区	47,898	39,509	－8,389	47,584	**41,598**	－5,986
北区	57,811	44,938	－12,873	49,441	40,902	－8,539
荒川区	30,362	22,247	－8,115	**33,145**	**26,784**	－6,361
板橋区	89,960	70,351	－19,609	79,857	70,457	－9,400
練馬区	103,120	82,101	－21,019	95,553	86,698	－8,855
足立区	97,962	70,680	－27,282	93,590	71,251	－22,339
葛飾区	68,977	49,376	－19,601	64,328	49,132	－15,196
江戸川区	97,390	67,119	－30,271	96,347	**75,041**	－21,306

注：アミは2015年の女性の数が男性より多い区。太字は95年から2015年に1000人以上増えた区
国勢調査より三浦展作成

歳以下には存在しない。だが、女性の社会進出によって、特に均等法世代以降、未婚のまま年をとる女性が増えた。1986年の均等法施行のときに大学や短大を出た女性は2015年には50代になっている。

こうして2015年には東京の中に、未婚女性が未婚男性よりも多い地域がしばしば現れるようになったのである。

†未婚女性が増える区と格差の関係

また、未婚男性のほうが多い千代田区、墨田区、品川区、中野区、北区、板橋区、練馬区、江戸川区などでも、男女差は大きく縮小している。

男女差の縮小傾向が少ないのは足立区と葛飾区である。葛飾区、北区は未婚女性が少しだが減少している。

これらの区は、第2章で見た、所得が伸び悩んでいる区でもある。はっきり証明できないが、区の所得格差の拡大と未婚女性の伸びには、一定の相関があるように思われる。

未婚者の年齢、あるいは一人暮らしか親と同居しているかなどはこの国勢調査小地域集計からはわからない。だが、他の統計から推測すれば、23区内でこの10年に増えた未婚者は、25歳から40代くらいの一人暮らしの未婚者、特に女性だと思われる。そして、23区内に住めるのだから、同年代の他の女性と比べて年収が相対的に高いはずである。

つまり第2章で見た、ホワイトカラーが都心部に多く住むようになったことと、未婚者の増加、特に働く未婚女性の増加とは関係していると思われるのだ。働く未婚女性が増えた区ほど、区民の平均所得も上昇したと言えるのではないだろうか。

✝中央区は未婚女性の楽園

次に、未婚者の増加が著しい中央区と港区の未婚者数を年齢別に見てみる（図表3－7）。

中央区は2000年には男性のほうが女性よりも未婚者が多かった。たとえば30―59歳の未婚男性は4637人、未婚女性は3855人だったのだ。

ところが2015年は、30―59歳の未婚男性は3370人増えて8007人、未婚女性は6000人近く増えて9828人となり、男性を上回った。都心である中央区が未婚の働く女性に選ばれるようになったことがよくわかる。

また、未婚男性は30―40代の人口が増えているが、たとえば2015年の45歳は2000年の30歳よりもずっと少ない。つまり、男性は結婚などの理由で中央区を出て行った人

中央区と港区は未婚女性のパラダイス？

図表３－７－１　中央区の未婚男女の人口（2000年と2015年）

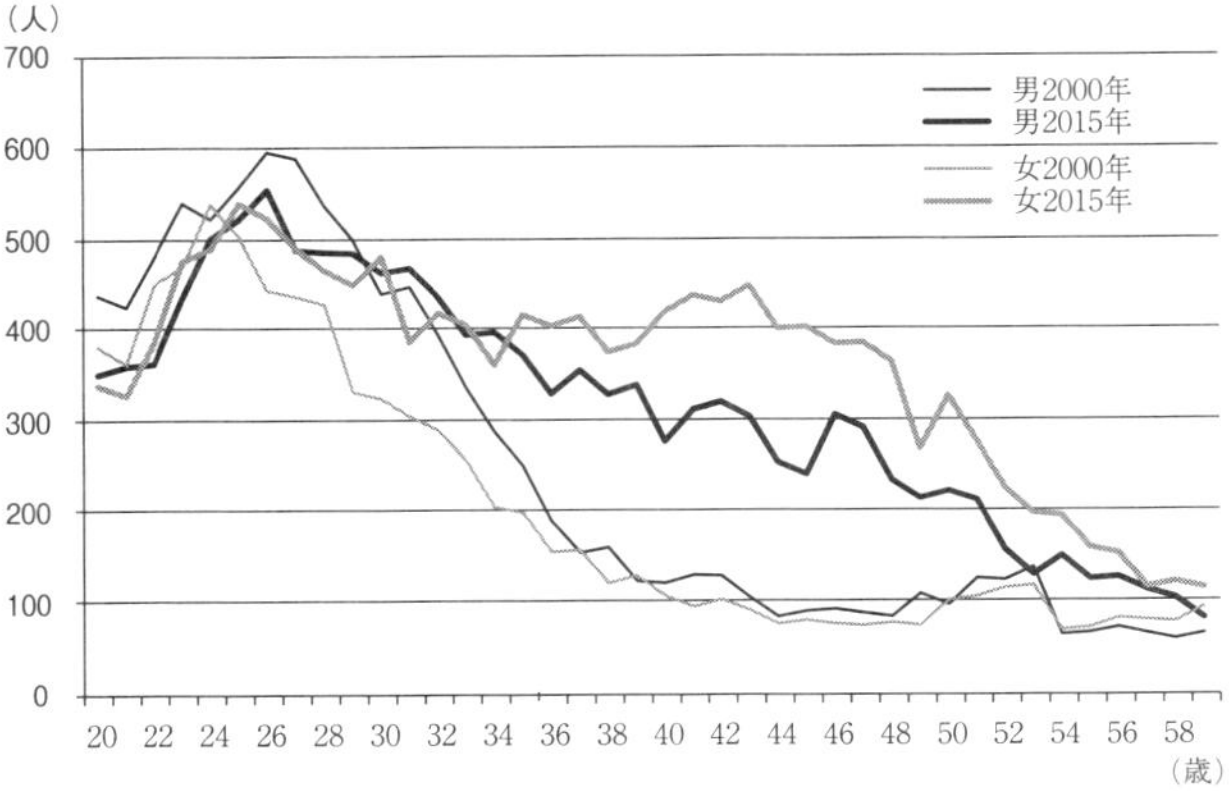

図表３－７－２　港区の未婚男女の人口（2000年と2015年）

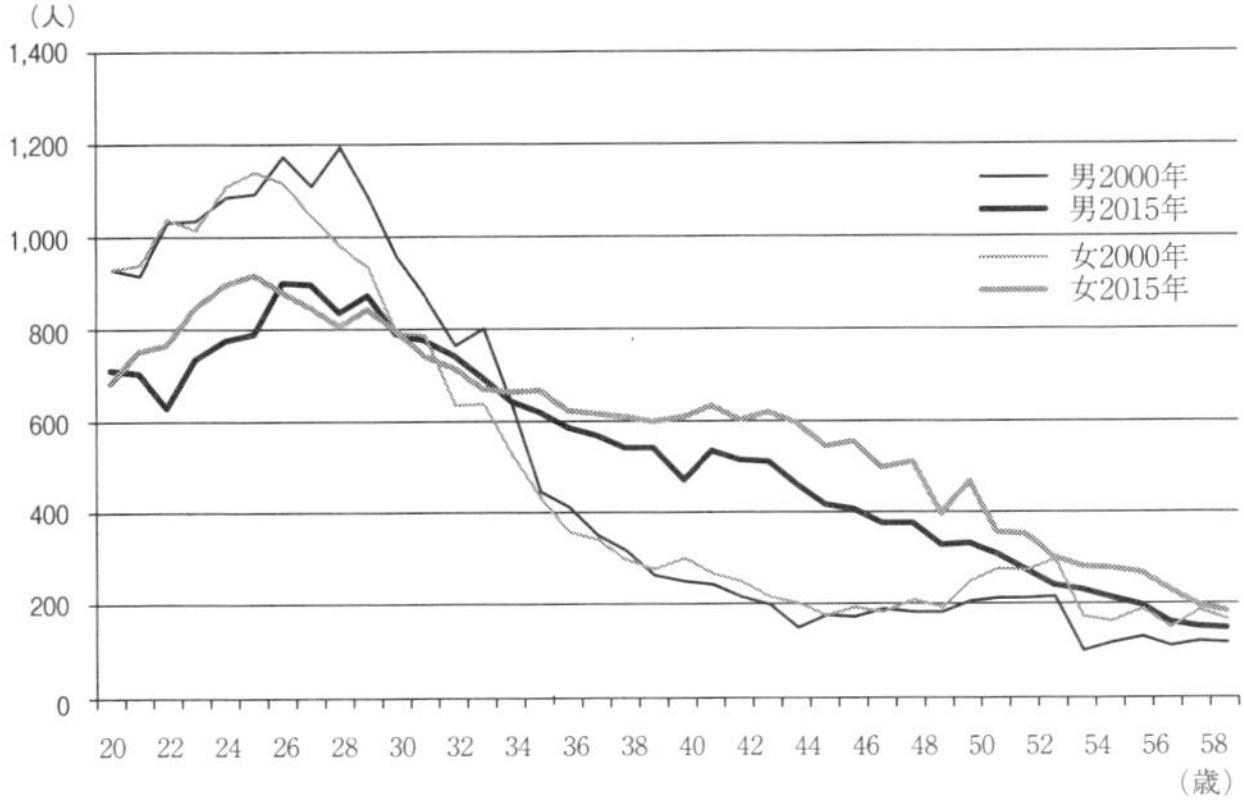

国勢調査より三浦展作成

が多いと推測できる。

対して女性は、2015年の45歳は2000年の30歳よりも多い。つまり中央区に住んだ未婚女性はその後もずっと中央区に住み続け、かつ新たに同年代の女性も流入してきたケースが多いと言える。

港区もだいたい似たような傾向があり、30—40代の未婚女性が増え、男性と比べて港区内に定着する傾向がある。

2 未婚女性は東横線が好き

†均等法第一世代女性が都心と山の手に住む

また、各区の未婚女性の男女比を年齢別に見ると、都心とその西側の山の手地域では、未婚者は年を取るほど女性のほうが多くなる。文京、中央、港、世田谷、渋谷では40代から50代前半まで未婚女性が未婚男性よりも多い。文京区は大学の研究者が多いことも影響

東横線は未婚女性に人気

しているであろう。

対して江戸川、足立、葛飾、荒川といった下町の区では未婚者は年を取るほど男性が多くなる。三多摩の市部でもそうである（図表３－８）。

つまり、下町あるいは東京23区以外から都心や山の手に集まった未婚の若い女性が、その後、中高年になっても都心や山の手に住み続ける傾向があるということであろう。２０１５年の50―54歳というと均等法第一世代である。その世代が若い頃からバリバリ働き、都心や山の手に住んできたのである。

他方、下町は、未婚女性が奪われたために、未婚男性がそのまま年をとっていってしまう。つまり地方と同じ現象が起こっているのだ。

都心や山の手のほうが50代まで未婚女性が多い

図表3－8　未婚女性の未婚男性に対する比率（2015年、23区の主な区と市部）

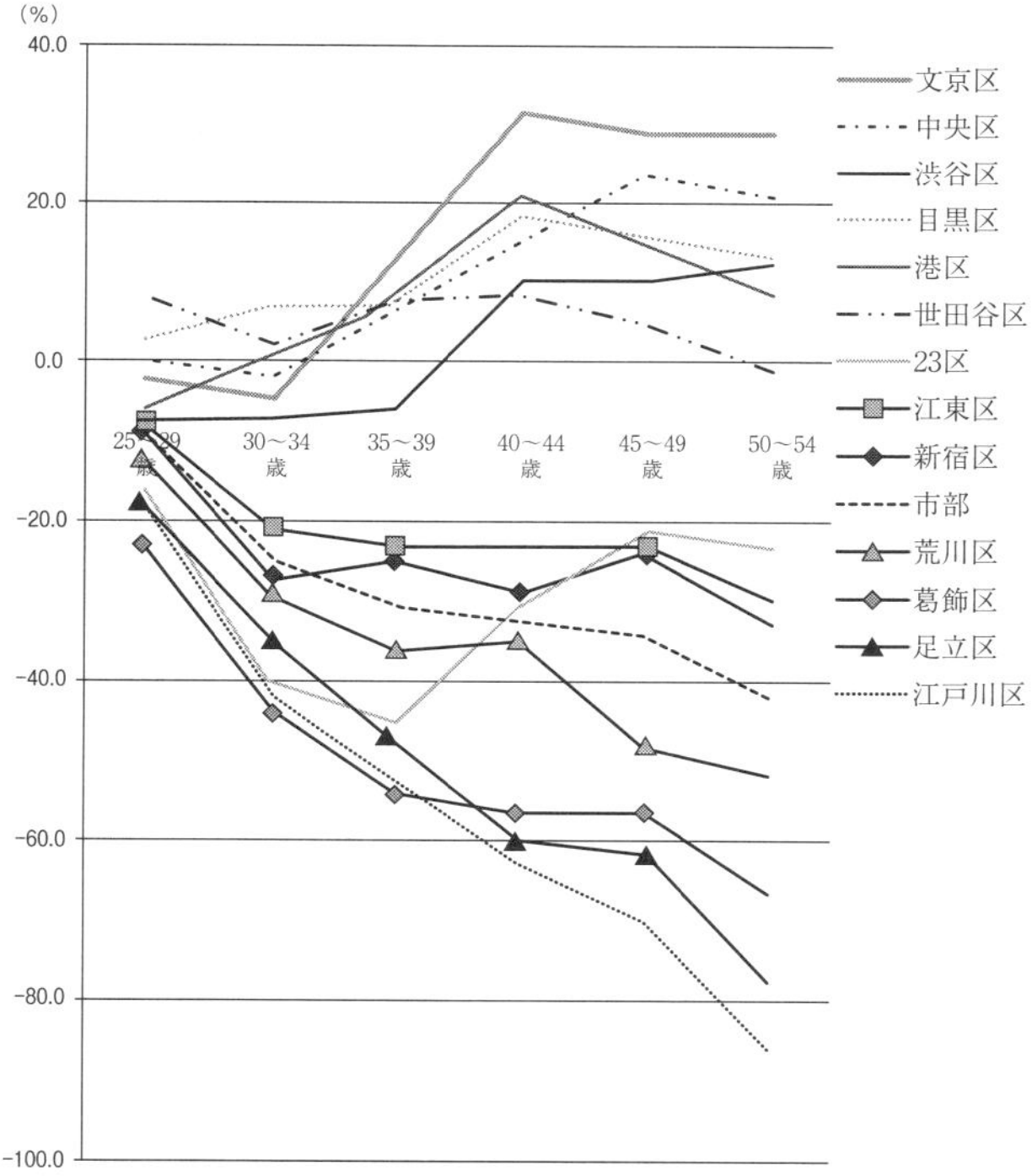

国勢調査より三浦展作成

			未婚男性 増加数（人）	未婚女性 増加数（人）
杉並区	和田	3丁目	930	1,062
練馬区	光が丘	3丁目	1,064	1,058
渋谷区	幡ケ谷	2丁目	941	1,056
新宿区	西早稲田	1丁目	1,089	1,052
渋谷区	笹塚	2丁目	1,044	1,051
新宿区	高田馬場	4丁目	1,327	1,048
中央区	佃	2丁目	897	1,046
杉並区	高円寺南	1丁目	1,006	1,046
文京区	千駄木	3丁目	891	1,039
江東区	北砂	5丁目	1,400	1,038
豊島区	池袋	3丁目	1,402	1,027
新宿区	高田馬場	3丁目	1,486	1,023
新宿区	下落合	3丁目	769	1,022
杉並区	和泉	2丁目	1,094	1,019
豊島区	南大塚	1丁目	1,241	1,012
荒川区	西日暮里	2丁目	1,044	1,010
大田区	田園調布	1丁目	867	1,003
杉並区	天沼	3丁目	903	1,003
荒川区	東日暮里	6丁目	1,258	1,003
品川区	東品川	3丁目	1,105	1,000

国勢調査より三浦展作成

中央線で増加が多い未婚女性

図表３－９　町丁別・男女未婚者の増加（1995-2015年、女性増加数が1000人以上の町）

			未婚男性増加数（人）	未婚女性増加数（人）
江東区	南砂	2丁目	1,688	1,556
杉並区	和田	1丁目	1,220	1,516
新宿区	大久保	2丁目	1,773	1,460
品川区	八潮	5丁目	1,763	1,413
港区	芝浦	4丁目	1,443	1,402
新宿区	西新宿	4丁目	1,828	1,347
新宿区	西早稲田	2丁目	1,282	1,242
杉並区	阿佐谷南	1丁目	1,147	1,241
杉並区	阿佐谷南	3丁目	1,082	1,236
新宿区	北新宿	3丁目	1,545	1,226
江東区	東雲	1丁目	1,342	1,204
杉並区	高円寺南	2丁目	1,105	1,202
江戸川区	西葛西	3丁目	1,180	1,200
杉並区	高円寺南	3丁目	1,367	1,173
北区	豊島	5丁目	1,340	1,169
杉並区	上高井戸	1丁目	917	1,153
江戸川区	東葛西	5丁目	1,315	1,130
渋谷区	笹塚	1丁目	945	1,119
江東区	塩浜	2丁目	1,484	1,116
大田区	下丸子	2丁目	1,222	1,115
江戸川区	清新町	1丁目	1,234	1,110
杉並区	成田東	5丁目	780	1,109
板橋区	板橋	1丁目	1,056	1,107
杉並区	和泉	4丁目	1,073	1,097
板橋区	高島平	1丁目	1,214	1,086
中野区	本町	4丁目	1,080	1,083
中野区	東中野	1丁目	1,125	1,082
新宿区	北新宿	4丁目	1,294	1,081
新宿区	西早稲田	3丁目	1,395	1,080
杉並区	方南	1丁目	1,291	1,069
世田谷区	三軒茶屋	2丁目	870	1,065

†会社の近くに住みたい

次に、国勢調査小地域集計により未婚者数の増減を町丁別に見る（図表3－9）。すると、未婚女性の増加数の1位は江東区南砂2丁目である。近くにニトリなどの商業施設と都営住宅やマンションが建った地域である。ただしここは男性未婚者の増加も多い。新宿区大久保2丁目は外国人の増加のためであろう。ここも未婚男性のほうが多く増えている。

女性のほうが男性よりも増えた地域を見ると、杉並区の町丁が多いことが特徴である。中央線、東西線、丸ノ内線、井の頭線があり、東京駅、日本橋、新宿、赤坂、渋谷、青山など多方面に通いやすいことが理由であろう。働く女性にとっては住みやすいのだ。

ただし先ほど図表3－6で見たように、杉並区全体では未婚女性は減っている。同じ区内でもより便利な地域で増えているのだと思われる。後で見るが、やはり駅近くの町丁は未婚女性が増えているが、駅から遠くだと減っていることが多いようである。

他にも渋谷区笹塚、幡ケ谷、中央区佃では未婚女性の増加数が男性を凌ぐ。いずれも新宿、日本橋、汐留方面に近いところである。未婚の働く女性にとって会社の近くに住むことはかなり重要な条件なのである。

✝未婚女性は山の手のイメージの良い町を好む

次に町丁別に女性の2015年の未婚率を見る。すると、新宿区の町丁が上位を多く占める。新宿区は冒頭で述べたように、区全体として男女ともに未婚率が高いので、各町丁でも女性の未婚率が高いのは当然である。

しかしそれでは23区全体の町ごとの傾向がつかめない。そこで、未婚者数の男女比を見ることにした（図表3－10－1）。

すると、未婚女性の未婚男性に対する比率が130％以上160％未満の町丁は、いわゆる人気のある住宅地が多く、目黒区の柿の木坂、鷹番、碑文谷《ひもんや》など、東急東横線沿線を中心に西南部に広がっている。また港区の白金台、六本木、文京区の音羽《おとわ》、駒込、渋谷区の恵比寿、松濤《しょうとう》、世田谷区の太子堂、玉川台、奥沢、杉並区の荻窪、西荻北、善福寺など、山の手の高級住宅地が多く挙がっている（160％以上の町丁は、各種の女子寮があることが多いようなので説明を省いた）。

逆に、未婚女性の未婚男性に対する比率が40％以上60％未満しかいない地域を見てみる

東急東横線沿線を中心に西南部に分布

図表3-10-1　未婚女性比率（未婚女性数の未婚男性数に対する比率）が高い地域

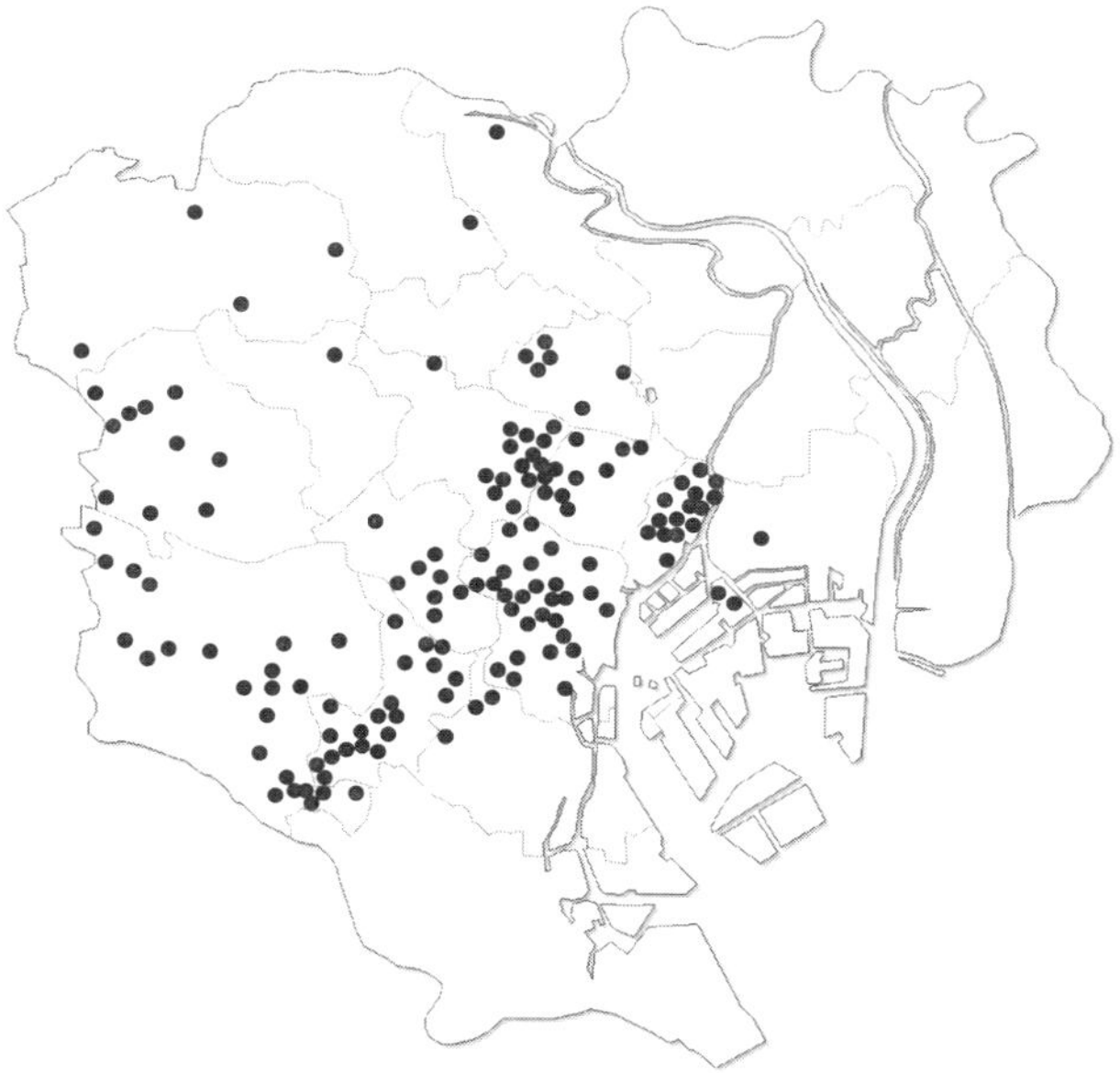

国勢調査小地域集計より三浦展作成（Max Miura 作図）

23区の東部中心に分布

図表３-10-２　未婚女性比率（未婚女性数の未婚男性数に対する比率）が低い地域

国勢調査小地域集計より三浦展作成（Max Miura 作図）

と、下町、かつて工場地帯が多かった町が挙がってくる（図表3－10－2）。

土地の知名度が低い町だとも言える。華やかな消費の町とは対極の町である。町にブランド力がない町だとも言える。こうした町は、どうも未婚女性は好まないようである（なお、未婚女性の割合が40％未満の町丁は、男子寮などがあるためと思われたので説明を省いた）。

†未婚女性はスタバのある街に住む？

このように、どうやらやっぱり未婚女性は、ブランド性の高い地域が好きなようである。しゃれた店がある、消費や文化に近く、治安がよい地域に住みたい人が多いとも言える。

そうしたブランド性の高い地域に生まれ育った女性は、立派な実家があるから未婚のまま親元に住みやすいという可能性もある。

女性未婚者が、他所から移り住んできたのか、そこで生まれ育ったのかは、国勢調査小地域集計からはわからないが、いずれにしても学歴も高く、収入も高い女性が消費や文化に近い地域に住む傾向があるのだろう。

こうしたブランド性が高くて、消費に近い、未婚女性が未婚男性よりも好みそうな地域を別の仕方で表現できないかと考えて、スターバックスの店舗分布図をつくってみた。す

スターバックスがある地域は未婚女性比率が高い地域と似ている

図表3-11　スターバックス店舗分布図

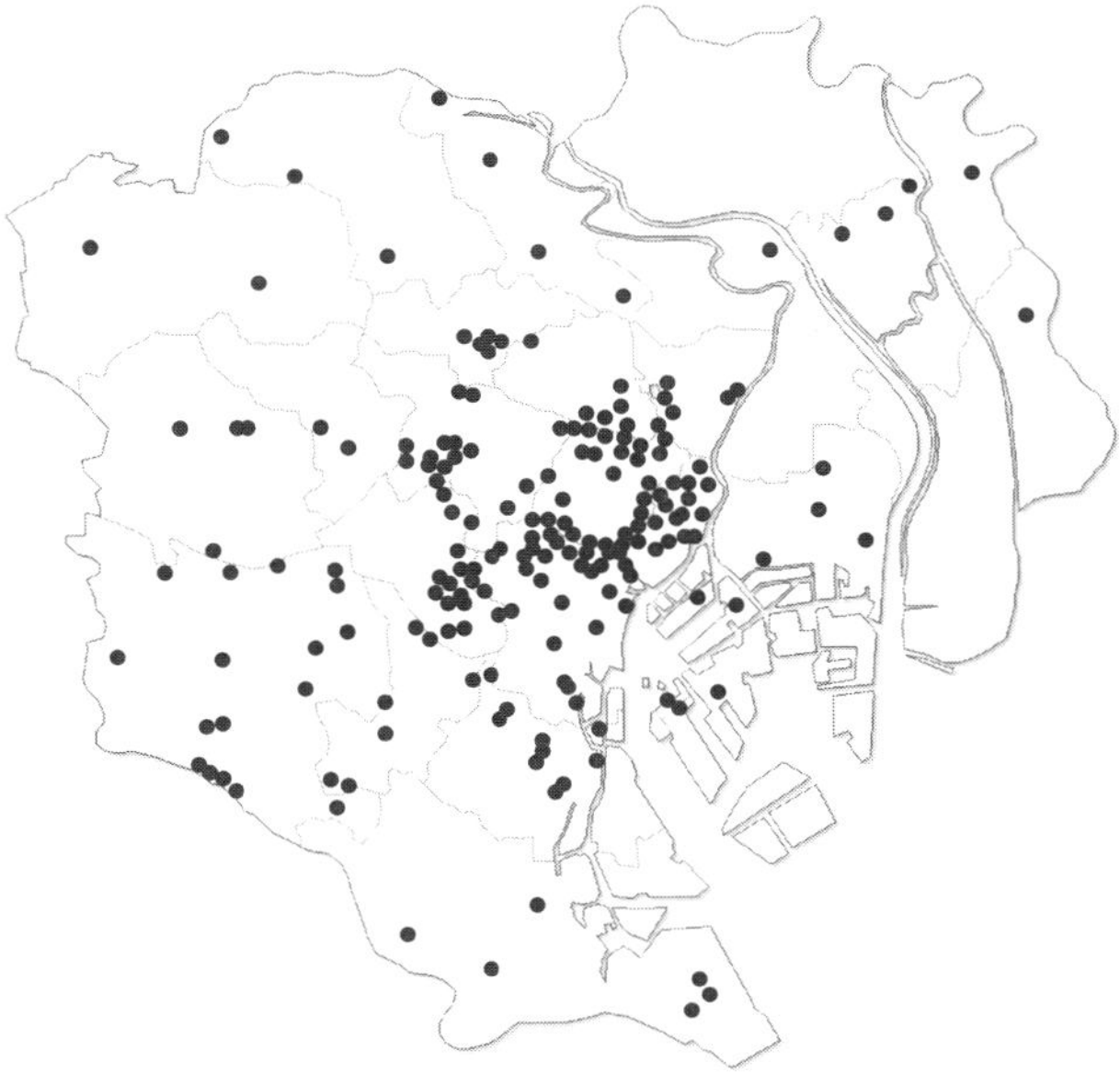

スターバックスホームページより三浦展作成（Max Miura 作図）

るとまさに都心部から西南方向に分布が多い。未婚女性が好んで住む地域とほぼ完全に重なっている(図表3-11)。

ただし、これらの町丁を多く含む区は、先に見たように、区全体としては女性未婚者が減っている区でもある。未婚女性がたくさん住む街は必然的に出生率が低い街でもあり、結婚すると出ていく可能性が高い街でもあるのだ。その点は第4章で見る。

†都心は未婚一人暮らし世帯の女性が多い

さらに未婚女性における一人暮らし世帯率を23区別に比較してみる。一人暮らしをするということは、一定以上の年収を得ている人が多いということである。

すると、中央区では45―49歳では7割以上の女性が一人暮らし世帯である! 50代以上でも6割以上だ(図表3-12)。

渋谷区、新宿区、文京区でも45―49歳で6割以上であり、杉並、目黒、豊島、品川、中野、港、千代田、世田谷という主に山の手の区では5割台である。

また30―34歳では新宿区の女性の一人暮らし世帯率が最も高く7割を超えている。

対して、足立区、葛飾区は2割台、荒川区、江戸川区は3割台と、概して下町は未婚に

都心では未婚女性の６割以上が１人暮らし

図表３－12　23区別・未婚女性の１人暮らし比率（2015年）

	20～24歳	25～29歳	30～34歳	35～39歳	40～44歳	45～49歳
中央区	31.4%	56.1%	60.9%	67.1%	68.6%	71.4%
渋谷区	37.5%	52.7%	62.4%	65.2%	64.4%	66.1%
新宿区	61.7%	69.5%	70.2%	68.2%	66.4%	65.3%
文京区	41.2%	52.6%	59.3%	63.6%	62.2%	61.9%
杉並区	36.8%	52.8%	60.0%	61.5%	58.9%	59.2%
目黒区	28.2%	42.6%	55.7%	58.7%	58.9%	57.1%
豊島区	47.7%	59.2%	62.6%	61.6%	59.9%	56.8%
品川区	32.3%	48.9%	55.5%	59.6%	58.5%	56.2%
中野区	43.2%	53.1%	57.9%	57.5%	56.1%	55.2%
港区	23.9%	38.8%	45.6%	51.6%	52.9%	53.7%
千代田区	42.3%	46.0%	55.2%	52.5%	57.5%	52.5%
世田谷区	26.1%	39.7%	51.6%	54.3%	52.8%	51.2%
台東区	24.7%	38.0%	47.1%	48.1%	52.1%	50.7%
大田区	35.4%	49.5%	49.5%	48.5%	48.2%	48.5%
板橋区	33.7%	42.8%	44.2%	43.1%	43.8%	45.2%
江東区	21.0%	36.6%	42.4%	43.6%	42.1%	44.5%
墨田区	24.4%	40.9%	46.9%	45.8%	43.8%	44.1%
北区	29.1%	40.5%	44.1%	42.0%	41.3%	39.8%
荒川区	21.4%	33.7%	39.3%	39.2%	37.4%	38.2%
練馬区	22.7%	36.1%	41.6%	42.2%	39.9%	37.7%
江戸川区	20.1%	30.2%	32.4%	31.6%	31.1%	30.3%
葛飾区	14.2%	24.9%	28.2%	28.7%	30.0%	29.5%
足立区	12.0%	22.2%	26.5%	26.2%	25.2%	25.7%

国勢調査より三浦展作成

占める一人暮らし世帯率が低い。都心の港区から西側山の手地域にかけて、30歳以上の一人暮らしの未婚女性が大量に住むようになっているのである。

3 働く女性は隅田川沿いに集中

†働く女性はウォーターフロントが好き

先に述べたように、都心に移り住んできた女性の中には、フルタイムなどで男性並みに働く女性も多いと推測される。

そこで、国勢調査小地域集計をもとに、女性の人口総数に占める就業者数の割合（＝就業率）を23区の町丁別に見てみる。

もちろんこの就業率は、年齢、未婚かどうか、一人暮らしかどうかなどは考慮していないが、高齢女性や学生や専業主婦が多ければ就業率が下がり、学歴、収入、一人暮らし世帯率が高い地域では就業者率も上がるはずである。

隅田川両岸に集積がある

図表３-13　女性の就業率が高い街（47%以上、2015年）

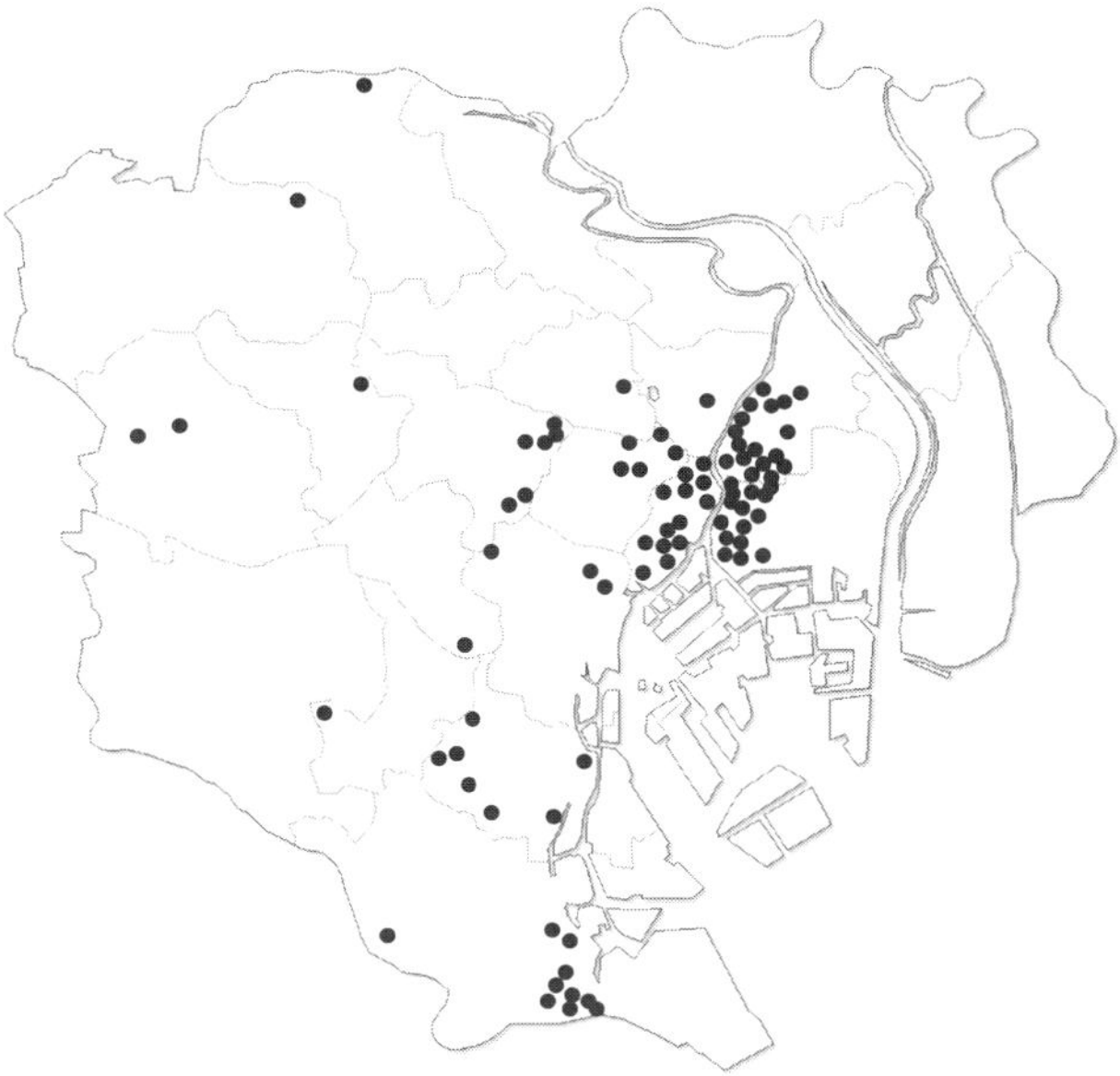

国勢調査小地域集計より三浦展作成（Max Miura 作図）

女性就業率の23区平均は37・5％なので、47％以上の町丁を地図にしてみた。すると、千代田区、中央区、江東区の町がたくさん挙がってくる（図表3－13）。

具体的には、日本橋、銀座、さらに江東区清澄、森下、髙橋、常盤《ときわ》、佐賀、木場、墨田区吾妻橋、立川などが上位に来ている。

これらの地域はほぼ隅田川沿いかそれに隣接する地域であることから、働く女性たちの多くがウォーターフロントなど都心部のマンションに住んでいることが推測される。なお明らかに何らかの女子寮がある場合も見つかったが、それについては説明を省いた。

†駅に近い街が好まれる

また、女性就業率が高い地域をよく見ると、新宿区では神楽坂、飯田橋、四谷界隈の町が挙がっている。これらの町は、電車路線数が多く、どこに通うにも便利であり、飲食店も多いため、近年、特に働く女性に人気の町である。

ちなみに今回地図にした最低ラインの47％台には、渋谷区恵比寿南1丁目、杉並区西荻南3丁目が挙がっている。いずれも恵比寿駅、西荻窪駅に隣接する地区である。恵比寿と西荻窪は30代一人暮らし女性が住みたい街の上位に来る街でもある（拙著『あなたにいちばん似合う街』、ＰＨＰ研究所)。駅に近く、気の利いた店が多いことが人気の理由であろう。

荻窪駅周辺でも、荻窪駅に近い荻窪5丁目は就業率が46・5％だが、駅から遠い荻窪1、2丁目は37％前後である。阿佐ケ谷駅周辺でも、駅に近い阿佐谷南2丁目は45％だが駅から遠い阿佐谷北6丁目は37・5％である。すべての地区について見たわけではないが、駅に近いほど就業率が上がると言えそうである。

†セレブな街は女性就業率が低い

対して女性の就業率が30％未満と低いのは、広尾、麴町、愛宕、麻布、青山などの都心高級住宅地が並ぶ(図表3－14)。世田谷区の西部、東急大井町沿線から成城学園にかけての一帯も就業率が低い。つまりこれは裕福な地域であり、専業主婦が多い地域だと思われる。ちなみに愛宕2丁目は森ビルのタワーマンションが2本建っている地域である。

ただし北区桐ケ丘は都営住宅のあるところであり、これについては高齢女性が多いために就業率が下がっているものと推測される。足立区や練馬区の北部に就業率が低い地区が多いのも高齢化のためであろう。

高級住宅地と高齢者の多い地域では働かない女性が多い

図表3-14　女性の就業率が低い街（30%未満、2015年）

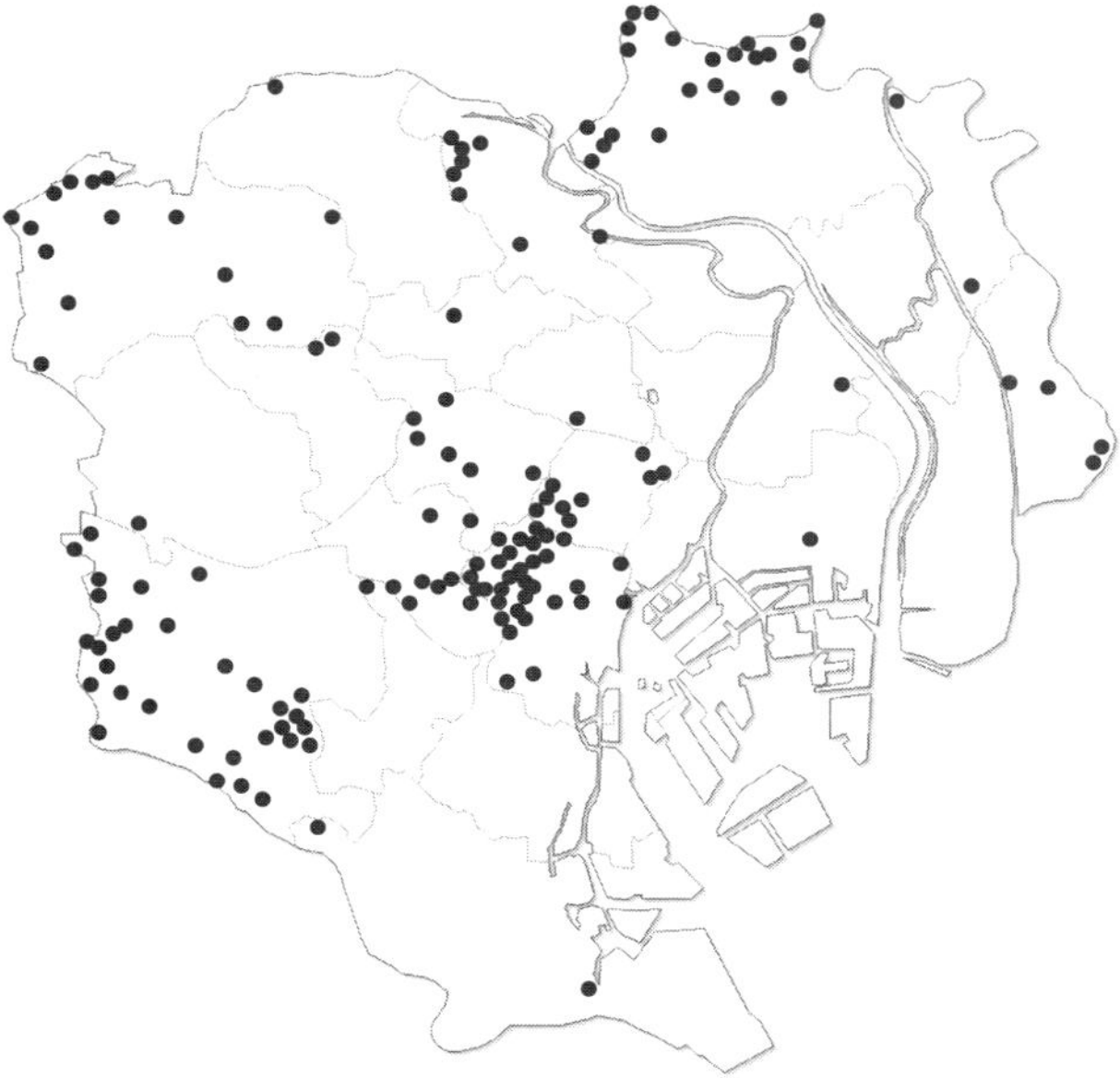

国勢調査小地域集計より三浦展作成（Max Miura 作図）

†皇居のまわりで女性が輝く

次に、女性就業者数の男性就業者数に対する比率が80％以上130％未満と高い町丁を地図にしてみた。つまり住民が女性も男性も同じくらいの割合で就業している地域である。すると、千代田区の北側、つまり旧・神田区。それと連なる新宿区神楽坂、四谷方面。あるいは中央区から文京区本郷、台東区谷中などにかけて、それから港区の北側、すなわち赤坂、青山方面に分布がある。日本橋や銀座も上がっている（図表3－15）。

ほとんどが皇居のまわりを取り囲むように、いわば旗本などの武家屋敷が多かった地域で女性が男性並みに働く地域が分布しているというのは、なかなか興味深い。

これらの地域は女性の学者、医者などの専門職が多い地域であることも影響していると思われる。また、そもそも学歴、収入などの面で地位の高い人が従来からこれらの地域に住んでおり、したがってその子女も学歴が高く、就業率も高いということも考えられる。

実際、旧神田区小川町、錦町、旧麴町区番町にかけては、江戸時代は下級武士の住んだ地域であり、明治以後はそこに公家出身の華族が京都から多く移住した地域だそうである。

都市史研究者の松山恵の著書『江戸・東京の都市史――近代移行期の都市・建築・社会』

皇居のまわりに男女均等労働ゾーンが形成

図表3-15　女性就業者数が男性就業者数に対する比率が80%以上130%未満の町（2015年、女性就業者数50人以上の町丁のみ）

国勢調査小地域集計より三浦展作成（MiotoTsuruta作図）

女性の就業者が男性並みに多い地域と、公家華族が住んだ地域は重なる

図表3-16 「改正東京一覧図」にみる公家家族・大名華族の分布

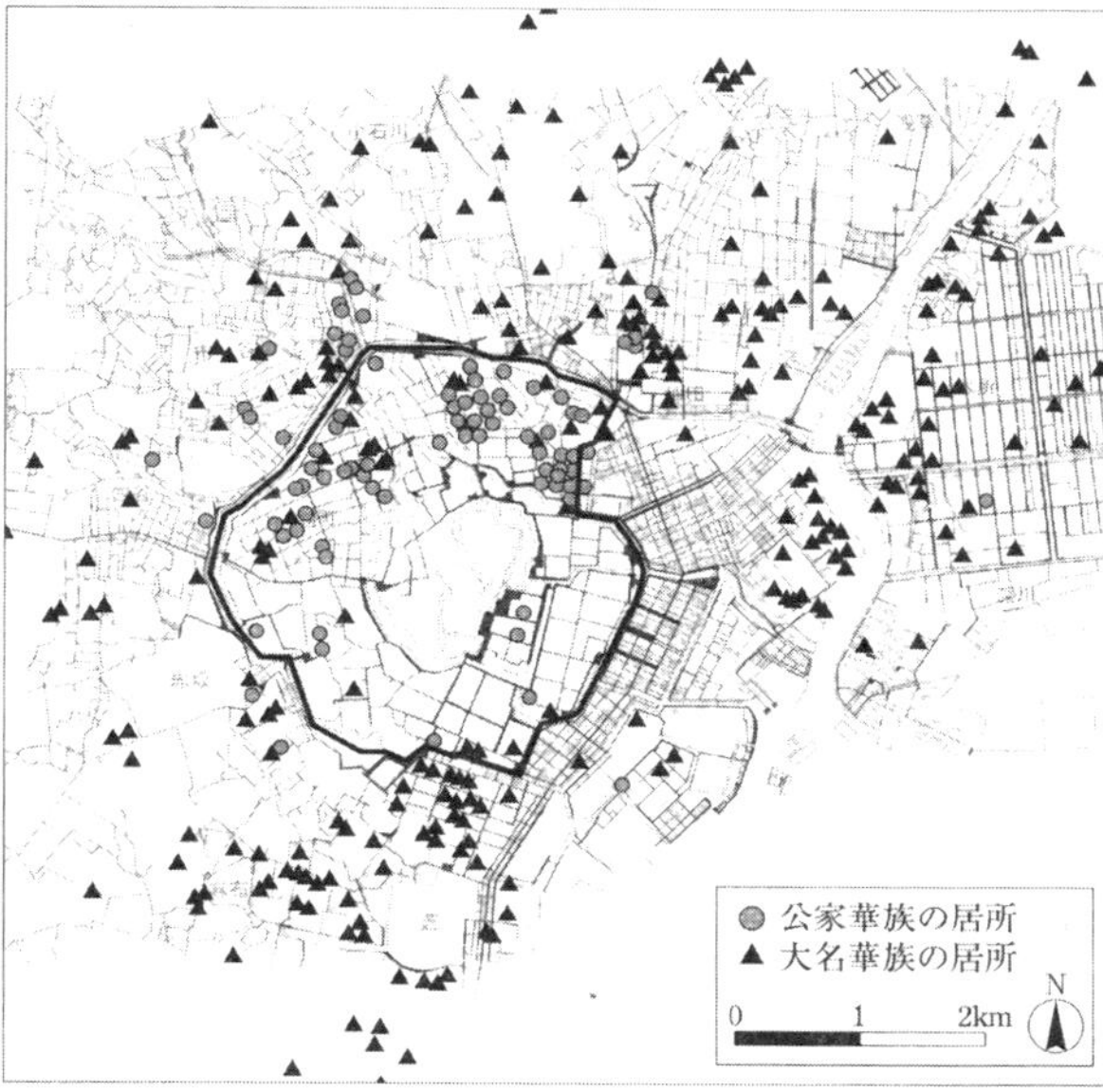

出所：松山恵『江戸・東京の都市史——近代移行期の都市・建築・社会』東京大学出版会、2014年（p.25、図14）

によると、公家出身の華族が居を構えたのは、麴町区の一番町、二番町、三番町、六番町、宝田町、元園町、平河町、紀尾井町、永田町、飯田町、富士見町、神田区の駿河台、錦町、三崎町、小石川区の新小川町、牛込区の下宮比町、津久戸町、本郷区の湯島などである。まさに現在女性就業者率が高い地域とほぼ重なっている（図表3－16）。

もちろん、交通の便が良く、外から流入してきた働く女性にとっても住みやすいことは言うまでもない。

†エリート女性はどこに住むか

次に、女性就業者に占める管理職比率が高い地域を見てみる。すると必ずしも中央区には分布しない（図表3－17）。

むしろ千代田区の西側、旧・麴町区だったり、港区の北側、赤坂、六本木、青山方面だったり、あるいは渋谷区だったりする。先ほどの女性就業者数が男性就業者数と同じくらいである地域とやや似ている。

東京商工リサーチが東京都内の企業を調べたところ、女性社長数は調査開始した2010年から増え続け、16年は9万5176人だったという。社長全体に占める女性比は15％。

皇居西南部に集中

図表３-17　女性就業者に占める管理職比率７％以上の町丁
(2015年、女性就業者総数50人以上の町丁のみ)

国勢調査小地域集計より三浦展作成（Max Miura 作図）

23区別では女性社長が多く住むのは港区で1万1001人。女性社長比率は目黒区が最も高く21・6%、次いで世田谷区だったというから、女性社長や管理職はやはり山の手に多いと言えそうだ。

また専門職比率が高い地域を見ると、千代田区の御茶ノ水駅周辺から文京区にかけて、あるいは新宿区の飯田橋、神楽坂、市ケ谷各駅周辺、そして渋谷、世田谷、中野、杉並などの西南部の山の手に多く、未婚女性が未婚男性よりも多い町丁の地図（図表3－10－1）と近い。だが隅田川沿岸や湾岸部にはあまり集積はない（図表3－18）。ということは、中央区や港区の湾岸に住む女性というのは必ずしもエリート的な女性ではないようだ。

そこで女性就業者に占める事務職比率の高い町丁を見ると、これも必ずしも中央区などの湾岸部に多いとは言えない。販売職、サービス職、ブルーカラーを見ても湾岸が多いとは言えない。つまり湾岸地域に住む女性は就業率自体は高いが、特定の職業に偏っているわけではなさそうである。パートタイムを含めてあらゆる職種の女性が住んで働いていると考えるのがよさそうである。

隅田川沿岸や湾岸部に集積はない

図表3-18　女性就業者に占める専門職比率24％以上の町丁
（2015年、女性就業数50人以上の町丁のみ）

国勢調査小地域集計より三浦展作成（Max Miura+Mioto Tsuruta 作図）

4　東京のイメージに与えたテレビの影響

†『男女7人夏物語』と男女雇用機会均等法

ここで少し話を定量分析から定性分析に変えてみよう。

隅田川沿いになぜ女性就業者が多いのかというと、直接的には会社が近いところにマンションがあるから、ということだが、私にはもうひとつ思い浮かぶことがある。

それは1986年に放送されて大人気となったテレビドラマ『男女7人夏物語』だ。明石家さんまと大竹しのぶが結婚するきっかけとなったことでも知られ、トレンディドラマの走りともいわれるドラマだ。

このドラマで二人は隅田川にかかる清洲《きよす》橋の東岸のアパート（大竹）と西岸のマンション（明石家）にそれぞれが住んでいるという設定であった。この設定がウォーターフロントブームの一端を担ったとは、都市学者の陣内秀信氏も指摘されていることである。

たしかに当時はバブル経済が始まり、東京湾岸の開発が始動して、マンションができたり、カフェができたりし始めた時期でもあった。雑誌『東京人』も86年の創刊であり、最初の特集は「隅田川」であった。

同じ86年には中央区佃のマンション街「大川端リバーシティ21」の開発も始まり、タワ

清洲橋。橋の左のマンションに明石家さんまが住んでいる設定だった

中央区佃の大川端リバーシティ21。1980年代から開発された（筆者が88年1月24日に撮影）

ーマンションではないが、最初のURのマンションができていた。私もそれを見に行ったことがある。60㎡くらいで、1LDK中心という、シングルやディンクスを狙った当時としては珍しい間取りだった。私は、当時の勤め先の渋谷に通いにくい、家賃が高い、地震が来たら怖い、ということで引っ越しはしなかったが、それで私が見に行ってみようと思うくらい、ウォーターフロントへの関心は高まっていた。『男女7人夏物語』も、そういう時代の雰囲気をうまく捉えていたのだ。

しかも86年は男女雇用機会均等法が施行された年でもある。男性並みに働くぞと勢い込んだバブル時代の女性が、『男女7人夏物語』を見て、私もいつかウォーターフロントに住むキャリアウーマンになるぞと決意したかどうかはわからないが、まあ、そんな気分があったと思う。裁量労働制のほうが労働時間が短いなどという厚生労働省のデータよりもよほど信憑性がある。

†1980年代から清澄白河には文化拠点ができ始めていた

清洲橋は中央区日本橋中洲と江東区清澄を結んでいる。今人気の清澄白河である。道路名は清洲橋通りであり、橋から東進すれば清澄白河駅の真上である。『男女7人夏物語』

のころは大江戸線も半蔵門線もなかった。特に、私のように東京の西側に住みつづけてきた人間にとっては、いったいどこだかわからない場所だった。

だが清洲橋通り沿いには2000年初頭までまだ同潤会清砂通アパートがあり、今も清洲寮という同潤会くらい古いアパートがあって、若い世代に人気である（私の知り合いの建築家も最近引っ越した）。

清洲橋のたもとにはリノベーション企業のリビタによるホテル「リューロ」ができている。場所はちょうど大竹しのぶが住んでいると設定されていた倉庫街のアパートの近くではなかろうか。そのあたりには今は新しいタワーマンションが建ち、清澄公園を見下ろしている。

公園の南には人気デザイナー、ヨーガン・レールのオフィスがある。ヨーガン・レールはまさに東京のウォーターフロントブームを担った人で、1980年代初頭にすでに芝浦の倉庫をオフィスにしていたのである。

ヨーガン・レール以外にも、清澄白河近くでは1927（昭和2）年竣工の食糧倉庫ビルを活用したイベントスペース、佐賀町エキジビット・スペースが1983年にできていた。無印良品のプランニングなどで有名な、デザインディレクターの小池一子が企画したものだ。キャリアのない現代美術家の発表の場として、日本初の非営利のスペースであった。

内部の設計は１９８０年代を象徴するデザイナー、つい最近亡くなった杉本貴志率いる「スーパー・ポテト」。床をはがしてコンクリートの地を出し、壁を塗り直し、アーチ型窓のある天井高5メートルの空間を蘇らせた（２０００年に閉館）。こう書くと実に80年代の

2001年の同潤会アパート（上）と現在のその跡地。かつての同潤会の外観を一応継承している

思い出がよみがえるが、今に通じる空間だったことが感じ取ってもらえるだろう。

やはり83年には、清澄白河より北の江東区新大橋に「ベニサンピット」という小劇場もできていた。町工場が並ぶ隅田川沿いの染色工場「紅三」の工場跡を利用して誕生したものだ。蜷川幸雄ほか多数の演出家の舞台稽古が行われることでも知られる(2009年閉鎖)。

こうしてみると清澄白河には、東京都現代美術館ができるずっと前、80年代初頭から現在に通ずる文化拠点的な場所性が生まれていたことがわかる。

†湾岸の倉庫に住むのがかっこよかった

さらに同じ83年には『フラッシュダンス』というアメリカ映画が日本でも大ヒットしたが、主人公の女性が住んでいたのが、ニューヨークのどこかの倉庫の中であり、広い倉庫だからこそ、彼女はダンスの練習を自宅で十二分にできたのだった。「倉庫に住むのか、カッケー!」みたいな雰囲気が当時はあって、R不動産の馬場正尊くんも、そう思ったと言っていた。

そして2000年に大江戸線が開通し、清澄白河駅ができた。2003年には半蔵門線も開通し、清澄白河が乗り換え駅になった。1995年には既に東京都現代美術館ができていたが、地下鉄がないころは、木場か亀戸からバスに乗っていかねばならないという不便さだった。それが清澄白河駅ができて一気に便利になった。おかげで深川資料館通りの商店街には美術書中心の古書店ができたり、ギャラリーやカフェが増えた。木村伊兵衛賞受賞作を何冊も出した出版社、赤々舎も数年前まで清澄白河に本社とギャラリーがあった。清澄白河はいきなり人気の街になった。千葉、埼玉のミーハー女子でも小金を持てば清澄白河に一人暮らしをするようになったのだ。倉庫街にあった大竹しのぶのアパートの時代からは隔世の感がある。

そういえば90年の人気トレンディドラマ『東京ラブストーリー』でカンチが住んでいたのは恵比寿と代官山の間あたりのマンションだった。住みたい街ナンバーワンを争う恵比寿であるが、90年はまだ恵比寿ガーデンプレイスもなく、アトレはもちろんなく、マンションも少なく、代官山の同潤会アパートがまだあった。そのころドラマを見た若者が、社会人になってお金ができたら恵比寿に住もうと思ったとしてもおかしくない。

†下町の変貌と郊外の終わりの始まり

東急田園都市線沿線がかっこいいと思わせたのも、1983年から85年にかけて放送されたドラマ『金曜日の妻たちへ』シリーズだし、ドラマの影響は、少なくとも80年代の居住地選択において侮りがたい。

かつ『金妻』も『男女7人』も脚本は同じ鎌田敏夫なのである。郊外一戸建てに住む団塊世代の夫婦を描いた金妻が終わるやいなや、ウォーターフロントを舞台に新人類世代、バブル世代の未婚者を描いた『男女7人』を書いて、それぞれの街をあこがれの街にしたのだから、当時の鎌田敏夫はすごかったのだ。

そして、折からの地価高騰の波がウォーターフロントにも押し寄せた。陣内秀信編著『水辺都市——江戸東京のウォーターフロント探検』（朝日選書）によれば、1985年10月23日付けの「朝日新聞」に「都心の別天地　底地買い始動」「大川端に超高層ビルの波」、そして「消える倉庫」という見出しが並んだという。

翌85年夏の「朝日新聞」には、「追われるロフト文化」「倉庫を愛した若者たちはどこへ」「人寄せぬ電算ビル　乾いた空間に」という記事、86年10月3日付けには、中央区新川1丁目を題材にして「地価高騰下町人情紙風船」という記事、87年1月7日付けには月島を舞台に「底地買いに揺れる人情長屋」という記事があったという。筆者たちも「この地価の異常な高騰は、同時に、下町における江戸や明治からの人のつながりを無残にも崩壊させていく」と、下町の情緒が再開発で失われていくことを惜しんだ。

だが、時代は郊外住宅地の主婦の時代から、都心の再開発ビルで働き、タワーマンションに住む女性の時代へと確実に移っていったのである。

5 人材を都心に「再配置」する都市戦略

†男性労働者階級の街が「輝く女性」の街へ

このように女性の、特に未婚女性、あるいは働く女性が23区のどこに住んでいるかを見てきて、私の頭の中に一つの仮説が浮かんだ。

冒頭に書いたように、東京は本来若い未婚男性が多い地域であった。それが近年男女同数に近づいてきた。そして、女性、特に働く女性は隅田川沿いの、おそらくマンションにたくさん住んでいる。

それらの地域は江戸時代以来の町人地である。ということは、先ほど見た1920年の時点では、若い未婚男性が女性より多い地域だったはずだ。

そこで1920年の東京市市勢調査により、当時の町丁別に男性が女性より30%以上多い地域を地図にしてみた（図表3－19）。

すると、中央区はほぼ全域に分布があり、江東区も含めて隅田川沿岸に男性比率が高い地域があることがわかる。千代田区も皇居の北の神田、西の麴町、東の八重洲、有楽町、日比谷、内幸《うちさいわい》町に分布があり、またその南には芝区の金杉、三田、赤羽橋など古川沿いに分布がある。要するに隅田川、神田川、外堀、古川の沿岸に男性が多かったと言えるのだ。

これらの地域は工場も多かったが、江戸時代以来の河岸が多い地域でもあり、そこで荷役などで働く男性が多かったことも理由の一つではないかと思われる。

これを先ほど見た女性就業者率が高い地域の地図（図3－13）と比べると、日本橋を中心に隅田川沿いと旧・神田区方面に広がっている点は同じである。女性就業率が高い地域が隅田川東側にも広がっているのは現代的な傾向であろうが、全体としてかなり似た分布の仕方である。

また未婚女性比率が高い地域の地図（図3－10－1）と比べても、中央区、旧・神田区、

かつて男性比率が高かった地域と現在女性就業率が高い地域は似ている

図表3-19　男性人口が女性人口より30%以上多い町丁（1920年）

注：旧東京市15区のデータを使ったので、世田谷など周辺の区のデータはない
東京市「市勢調査」（1920年）より三浦展作成（Max Miura 作図）

新宿の四谷側などに広がっている点は、1920年の男性比率が高い地域と共通性がある。

さらに男性就業者に対する女性就業者比率を示した地図（図3－15）では、千代田区の北側から新宿区にかけてかたまりがあったが、これも1920年の男性比率が高い地域と似たところがある。

また関東大震災を挟んだ1920年から25年にかけて、被害の大きかった下町では人口が減少しており、これらの地域も女性の就業率が高い地域とかなり重なっている（図表3－20）。これらの人口減少地域はその後、工場街や倉庫街となったが、近年はその跡地にマンションが増え、働く女性が住むようになったのである。

このように現在働く女性が好んで住む地域と、かつて男性比率が高かった地域はかなり重なっている。それはつまり、かつて都心部において若い男性の労働力が必要とされたように、現在は、ホワイトカラーを多く含む女性の労働力が必要とされているということに他なるまい。

†都心と郊外のジェンダー分離

なぜか。かつて男性比率が高かった地域は、工場、港、倉庫、商店、問屋などの商工業

関東大震災後、下町は人口減少した

図表 3 -20　1920年から25年に人口が減少した地点の分布
(黒丸が減少地点、グレーの丸は増加地点)

出所：『日本地理体系　大東京篇』改造社、1930年（p382）

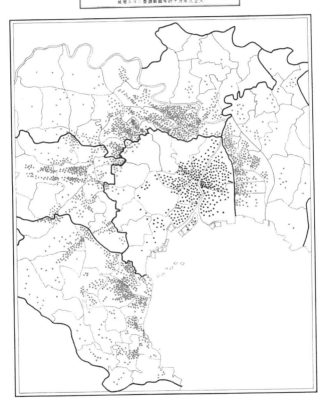

施設が集積し、多くの肉体労働が必要とされた地域である。その地域特性は高度経済成長期まで基本的には続いていた。

それが高度成長期に次第にオフィスビルになり、職住一致や職住近接で働いていた人々は次第に郊外に移り住むようになった。

さらに1973年のオイルショック後に産業構造が変わり、重厚長大産業が衰退し、工場、倉庫が不要になっていった。それがまたオフィスビルに建て替わり、さらに2000年以降はマンションになっていったのだ。

そこに新規に住民が流入してきた。その住民に女性が多かったのだ。だから1920年の男性比率が高い地域と、100年後の現在において女性の就業率が高い地域とに、したがってまた女性就業者が男性就業者並みに多い地域とに共通性が生まれるのである。

1980年代までは、都心と郊外という職住分離、仕事と生活という機能の分離を前提に大都市圏がつくられた。それは、都心で働く男性と郊外で家を守る女性というジェンダー分離でもあった。

だからこそ、男性と同じように大学に行き、会社で働く女性が増えれば、女性が郊外に住むことの合理性はなくなった。女性も、いや女性こそが職住近接で働きたいと思うようになったのだ。女性のほうが長い通勤時間に耐えられないし、結婚すればやはり家事や育児の役割はどうしても女性が多く負担するのだから、職住近接は必須だった。

だが、この変化に、大都市圏の構造を考える専門家たちは気づかなかった。そのことが第4章で述べる出生率の問題に大きな影響を与えることになったのである。

†女性による都心の変貌

このように見てくると、近年の東京都心部における現役世代の女性の増加は、一方では、都心に大量の住宅を供給し、都心居住を進めることで、通勤地獄からの解放を実現する社会政策的な結果だとも言えるが、他方では、行政と企業が協同して、男女問わず相対的に優秀な人材を郊外から都心に「再配置」する戦略の結果だとも言えるだろう。

社員は、都心に住めば通勤地獄から解放され、終電時間を気にせず働けるし、女性も働きやすい。また、社員が自分の負担で高い住居費を払って都心に住んでくれるおかげで、会社には交通費が削減される。双方にとってメリットがあるわけだ。こうして江戸城と外堀の間に下級武士が控えていたように、都心業務地の近隣に社員が控えるようになったのである。

このように男女ともに都心で働く傾向は「グローバル・シティ」の特徴である（サスキ

ア・サッセン『グローバル・シティ――ニューヨーク・ロンドン・東京から世界を読む』、ちくま文庫)。

そしてそれは男が都心で働き女が郊外で専業主婦となる旧来の、いわば〝都市・ジェンダー構造〟からの転換であることをサッセンはすでに指摘していた。

比較的高所得者のために都心を再開発し、マンションを供給することで、経営者だけでなく、「ひじょうに真面目な働き者」である管理職や専門職の男女が都心に住みやすくなる。そして都心に住みやすくなることで、男性だけでなく、女性こそが郊外から都心に移住しやすくなるのだ。

そして都心に移住した彼らは「消費のイデオロギー」に包摂される。それは、郊外の中流階級の「機能性・低価格」重視の大量消費ではなく、「スタイル・高価格・超都会的」な消費をすべきだというイデオロギーである。つまり彼らは、よく働き、よく消費する、ようになるのだ。だが、彼らがもらう高い給料も、彼らが会社にもたらした利益からすればわずかであり、だから彼らの労働は「自己搾取」かもしれないともサッセンは書く。

では「スタイル・高価格・超都会的」とは何か。都心に住む女性が増えることで、機能的で安い商品から、「美的」な商品へと関心が移行する。スーパーで食品を買うことから、「旬の」レストランの料理に関心が移り、画廊で本物志向の美術品を見たり買ったりすることへの関心が拡大する。憧れの住まいも郊外の一戸建てではなく、「超都会的」な「ダウンタウン」(下町)で「倉庫を改装した家に住んでみたい」という夢を持つ人が増えるというのだ!

なかなかこれは面白い指摘である。同書は1980年代から90年代にかけてのニューヨーク、ロンドン、東京の観察を元に書かれているので、現時点での東京の分析には完全にはそぐわないかもしれないが、それでも2000年以降東京都心で起きてきたことに、女性も含めた「やりがいの搾取」的な「働き方」などの問題も含めて、かなり当てはまる。

30年前、私はパルコのマーケティング雑誌で、団塊世代の新天地としての郊外の可能性を論じ、豊かな郊外に相応しい消費の場をつくることを提案する仕事をしていた(それは会社の仕事として行っていたので、私の個人的な思想に基づくのではないが)。

だが、郊外で育った若い世代は、有能で富裕な人ほど女性も含めて郊外から都心に移住するようになった。そして彼らに対応して、都心には新しい百貨店や専門店が次々と誕生し、都心の、さすがに倉庫ではないが、古いマンションをリノベーションして住むことが都会的だと思われるようになったのである。

第４章

多摩市の出生率1.16は渋谷区1.07とさして変わらぬ低水準

——出生数から見た都心集中

1　江東区東雲1丁目だけで子どもが2400人増加

†子育て世代は23区のどこに住むか

都心では今、子どもの数が増えている。戦後一貫して、子どもができると都心から郊外へと人口が流出する傾向が強かった。だが近年、23区内にとどまって子どもを産み育てる人が増えたのであり、都心ほどその傾向があるのだ。

人口1000人当たりの出生数を区ごとに見ると、千代田、中央、港の3区は10人を越え、2002年から16年の増加率で見ると1・5～1・7倍であり、23区中トップクラスである（図表4－1）。

また、港区の出生数は2016年に3048人であり、2004年より1748人も増えている。中央区も2016年の出生数は1974人であり、2004年より1186人も増えている。江東区も1128人、品川区も1258人出生数が増えるなど、湾岸にマ

港、中央、千代田が区部・市部平均を大きく引き離す

図表４－１　人口1000人あたり出生数

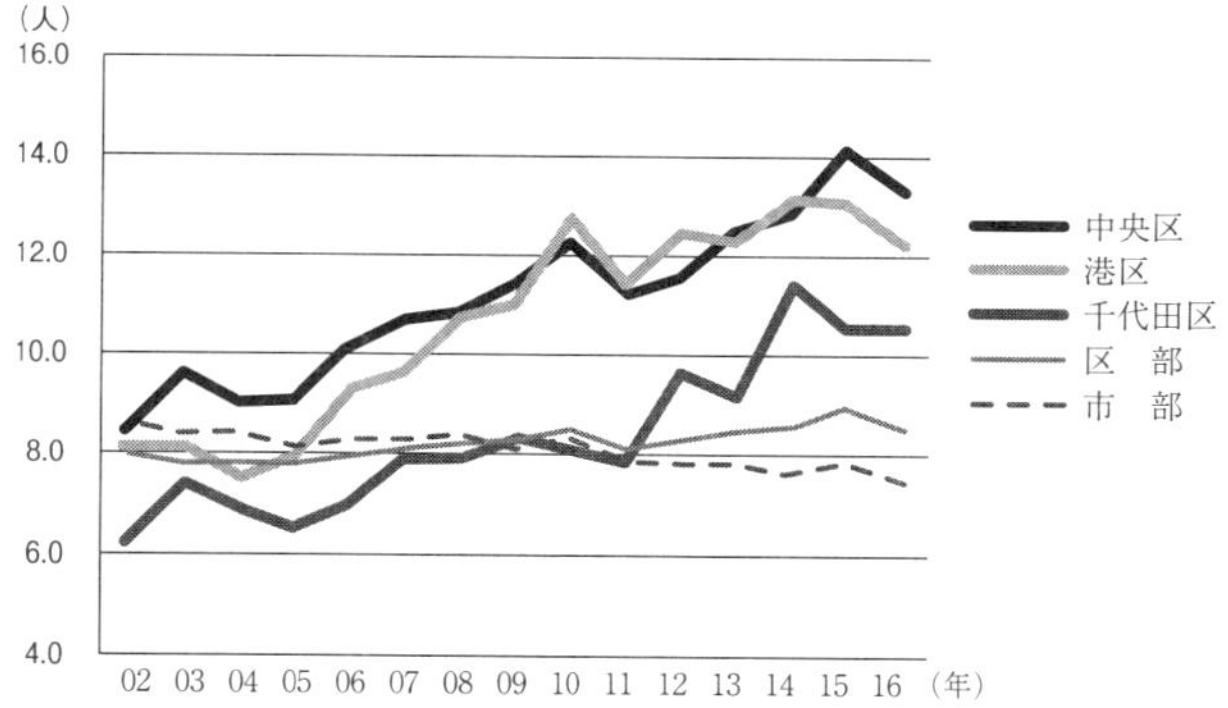

資料：東京都

ンションがたくさんできた区で出生数が伸びていることが明らかである。

合計特殊出生率（女性が一生の間に産む子どもの数の理論値）を見ても、港区が最も高く１・45。ついで中央区が１・44、江戸川区が１・43である（図表４－２）。

自然減少している、つまり出生数より死亡数が多い足立区、荒川区、北区ですら、出生率は１・３程度と23区内では高めである。

対して豊島区、杉並区、目黒区、中野区、新宿区、渋谷区、世田谷区といった、西側副都心とその沿線の地域では出生率が低い。

本来これらの地域は大正末期以降開発された郊外住宅地であり、中央区や江東区よりも緑も多く、健康的で、子育てに相応しい住宅

西側郊外住宅地の出生率が低い

図表4－2　主な区の合計特殊出生率

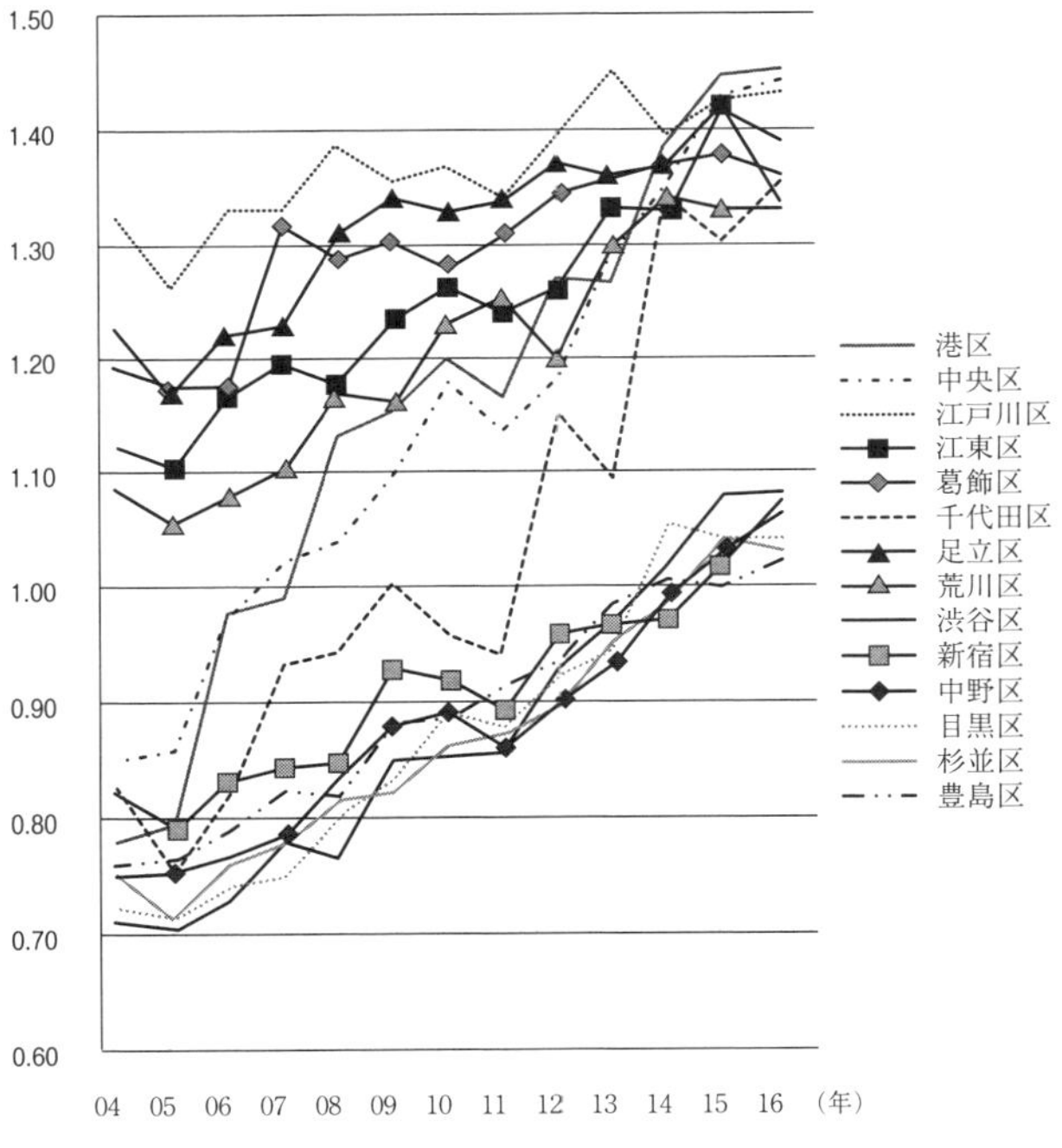

東京都福祉保健局資料より三浦展作成

地のはずである。ところが出生率が低いのである。

また、これらの西側住宅地は、第3章で見たように、未婚女性率が比較的高い地域であった。イメージがよく、消費や文化の場所が多く、楽しく暮らせそうな街が多いからである。だが皮肉なことに、そうした地域に住む未婚女性はずっと未婚のままであり続けがちのため、出生率が低いということになるのだ。

†東雲、有明、芝浦、港南、勝どきでベビーブーム

自治体の魅力を計る基準はいろいろあるだろうが、子育て期の人々が住みやすいかは、少子化対策が叫ばれる現在においては重要な基準である。

かつて、高度経済成長期には、都心とその周辺はオフィスだけでなく工場がたくさんあり、煙をもくもく吐き出し、空気は汚く、川はヘドロで魚も住まず、騒音はうるさく、公園は少なく、交通事故は多かった。だからこそ人々は、特に子育て期の世帯は郊外に家を求めたのである。

ところが今は、工場は郊外や地方やアジアに移転し、空気はきれいになり、多摩川や隅田川にアユやサケが戻り、東京湾ですら海水浴ができるかも知れないほどきれいになり、

子どもがいちばん増えた町（江東区東雲1丁目）

交通事故は減った。だから、工場や倉庫の跡地にマンションができれば、人々が郊外から逆に都心に移り住んでくるようになったのだ。

2005年から15年にかけて23区内のどこで子どもが増えたか。町丁別に15歳未満の人口の増加数を見ると、江東区東雲1丁目だけで2398人も、同区豊洲4丁目でも2305人も増加している（図表4－3）。

その他、同区有明、亀戸、港区芝浦、港南、中央区勝どきなどで1000人以上増加している。上位10位までで1万7315人の増加である。足立区新田《しんでん》、西新井栄町、荒川区南千住も600人以上増加しているが、これもマンション建設によるものだ。

対して15歳未満の人口が150人以上減少した町丁を見ると、江戸川区春江町、南篠崎、東篠崎、南葛西、西瑞江、臨海町、また足立区保木間《ほきま》、東和、扇、伊興《いこう》など、足立区、江戸川区の一帯に広がっている（図表4－4）。

都心湾岸から下町を中心に子供が増えた

図表４－３　15歳未満人口が2005-15年に300人以上増加した町丁

国勢調査より三浦展作成（Max Miura 作図）

足立区、江戸川区を中心に子どもが減った

図表4－4　15歳未満人口が2005-15年に150人以上減少した町丁

国勢調査より三浦展作成（Max Miura 作図）

たいがいはURや都営の団地がある地域である。かつては団地によって夫婦と子どもの世帯が急増した地域だが、子どもが大学進学、就職、結婚の年齢になると一気に子どもが少ない地域になったのである。

†都心マンションによる人口増加はいつまで続くのか

しかし今までほとんど人口がなかった、特に子どもがいなかった地域が、タワーマンションなどによって人口急増し、子どもも激増したからといって、これからもそれらの地域で人口が伸び続けることにはならない。

たしかに1920年の中央区には約25万人の人口があった（日本橋区と京橋区の合計）。マンションも団地もなくてもそれだけ住んでいたのだ。だから、まあ今後中央区の人口が25万人にならないとも言い切れない。上海みたいにマンションが立錐の余地もなく土地を埋め尽くさないとも限らない。

しかし良好な居住環境という観点からは25万人とか30万人というのは多すぎないか。何万人が適正かはわからないが、せいぜい25万人くらいで打ち止めにしたほうがよいのではなかろうか（中央区の将来推計人口でも25万人くらいから人口が減ることになっている）。

中央区のマンション街には若い母親と子どもがたくさん

あるとき私が八重洲地下街でランチをとっていたら、保育園児が散歩に来ていた。地下街はたしかに安全だが、そこしか散歩コースがないのか？　子育て環境がいいとは言えない。郊外かどうかわからないが、もう少し広々とした緑や公園が豊富にあるところで育てたほうが良くないかと私は思う。

南千住が地価上昇率ナンバーワン!!

次に、団塊ジュニア世代が増えた地域を町別に見ると、増加数の1位は南千住である。10年で14777人も増えている（図表4－5）。

南千住は15歳未満の子どもの数の増加数も7128人で、町単位では23区内最大の増加数であり、10年で2・78倍の増加である。また、夫婦と子どもからなる世帯の増加数を見ると南千住は1935世帯で2位である（図表4－6）。

団塊ジュニア増加数の1位は南千住！

図表4-5　団塊ジュニア世代の増加数と増加率（2005年の25〜34歳と15年の35〜44歳の人口を比較）

		2005年の25〜34歳	2015年の35〜44歳	増加数（人）
荒川区	南千住	3,153	4,630	1,477
港区	芝浦	1,245	2,663	1,418
港区	港南	1,275	2,649	1,374
江東区	有明	130	1,399	1,269
中央区	勝どき	1,578	2,787	1,209
足立区	新田	829	1,798	969
世田谷区	千歳台	1,171	1,982	811
江東区	東雲	2,288	3,055	767
練馬区	大泉学園町	2,171	2,881	710
中央区	晴海	560	1,233	673
足立区	西新井栄町	403	1,073	670
江東区	亀戸	4,921	5,588	667
練馬区	東大泉	2,352	2,956	604
板橋区	前野町	2,043	2,617	574
港区	赤坂	1,313	1,886	573
豊島区	東池袋	1,215	1,771	556
品川区	東五反田	1,097	1,619	522
江東区	新砂	474	995	521
練馬区	石神井町	1,957	2,465	508

国勢調査より三浦展作成

湾岸を中心に増えたファミリー

図表４－６　町別に見た「夫婦と子どもの世帯」の増加数上位10位（2005-15年）

		増加数（世帯）
江東区	豊洲	3,679
荒川区	南千住	1,935
港区	芝浦	1,767
港区	港南	1,739
中央区	勝どき	1,721
江東区	東雲	1,707
足立区	新田	1,293
江東区	有明	1,273
世田谷区	千歳台	1,185
足立区	西新井栄町	804

住宅地価格上昇率１位は荒川区南千住！

図表４－７　2017年地価調査　基準地上昇率順位一覧表（住宅地）

		29年 円／㎡	28年 円／㎡	変動率
荒川区	南千住８－20－39	510,000	480,000	6.3％
荒川区	西日暮里４丁目1040番86内	524,000	494,000	6.1％
千代田区	三番町９－４	2810,000	2650,000	6.0％
北区	中里２－20－８	580,000	547,000	6.0％
足立区	綾瀬３－22－10	480,000	453,000	6.0％
世田谷区	太子堂３－34－10	623,000	588,000	6.0％
目黒区	自由が丘２－123－８	1070,000	1010,000	5.9％
中央区	佃１－20－１外	816,000	771,000	5.8％
北区	上中里１－26－10	497,000	470,000	5.7％
文京区	白山４－310－32	789,000	747,000	5.6％

注：同じ変動率で順位が異なるのは、小数点第２以下の四捨五入によるもの
出所：東京都財務局

以上のことから南千住が団塊ジュニア夫婦とその子どもが大量に移住してきた地域であると推測できる。江東区豊洲、港区芝浦、港南、中央区勝どきなどほどには話題にならないが、隠れた団塊ジュニアファミリー急増地帯なのだ。

おそらくそのためだと思うが、荒川区は近年地価上昇率が23区内でナンバーワンなのだ！（図表4－7）こう言っては失礼だが、南千住で若い子育て世代の人口が増えて地価上昇率が1位となっているのに、かつて子育てファミリーのために開発された多摩市では合計特殊出生率が後述するように1・16しかないとは実に全く隔世の感がある!!

2　八王子と立川の出生数は4976人だが、港区と中央区は5022人

†縮小する郊外、嫌われる住宅地

このように近年、都心に、未婚者や子どものいない夫婦だけでなく、子どものいる夫婦までが増えている。

そのため、これまでは郊外のほうが都心よりも出生率が高いというのが従来の常識だったが、現在は違ってきている（図表4－8）。

23区の合計特殊出生率を見ると、2016年は港区が最も高く1・45である。港区は2004年には0・78しかなかったのが、10年強で急増した。中央区も同様で、2004年の0・85から1・44に増加、千代田区も98年の0・75から16年は1・35に増加している。

団地、マンションがもともと多い江戸川区、江東区、葛飾区や同じような下町である足立区や荒川区は、98年時点で1・1台から1・3台だったが、16年は1・3台から1・4台であり、まあまあのところまで回復している。

対して、渋谷区、新宿区、中野区、目黒区、杉並区、豊島区は2004年にはほぼ0・7台だったのが、16年には1・0台に増加しているものの、1・0では1世代ごとに人口が半減するのだから、どうしようもない。東京の西側の山の手の、かつての高級住宅地を多く含む区ですら、今は都心に子育て世代を奪われていることがわかる。

また三多摩で人口規模の大きい八王子市、立川市は1・3台しかない。多摩ニュータウンのある多摩市はたった1・16である。

つまり今、住宅地やニュータウンが嫌われているのだ！

都心の出生率が上がっているのに多摩市は伸び悩み
図表4－8　主な区と多摩市の合計特殊出生率の推移

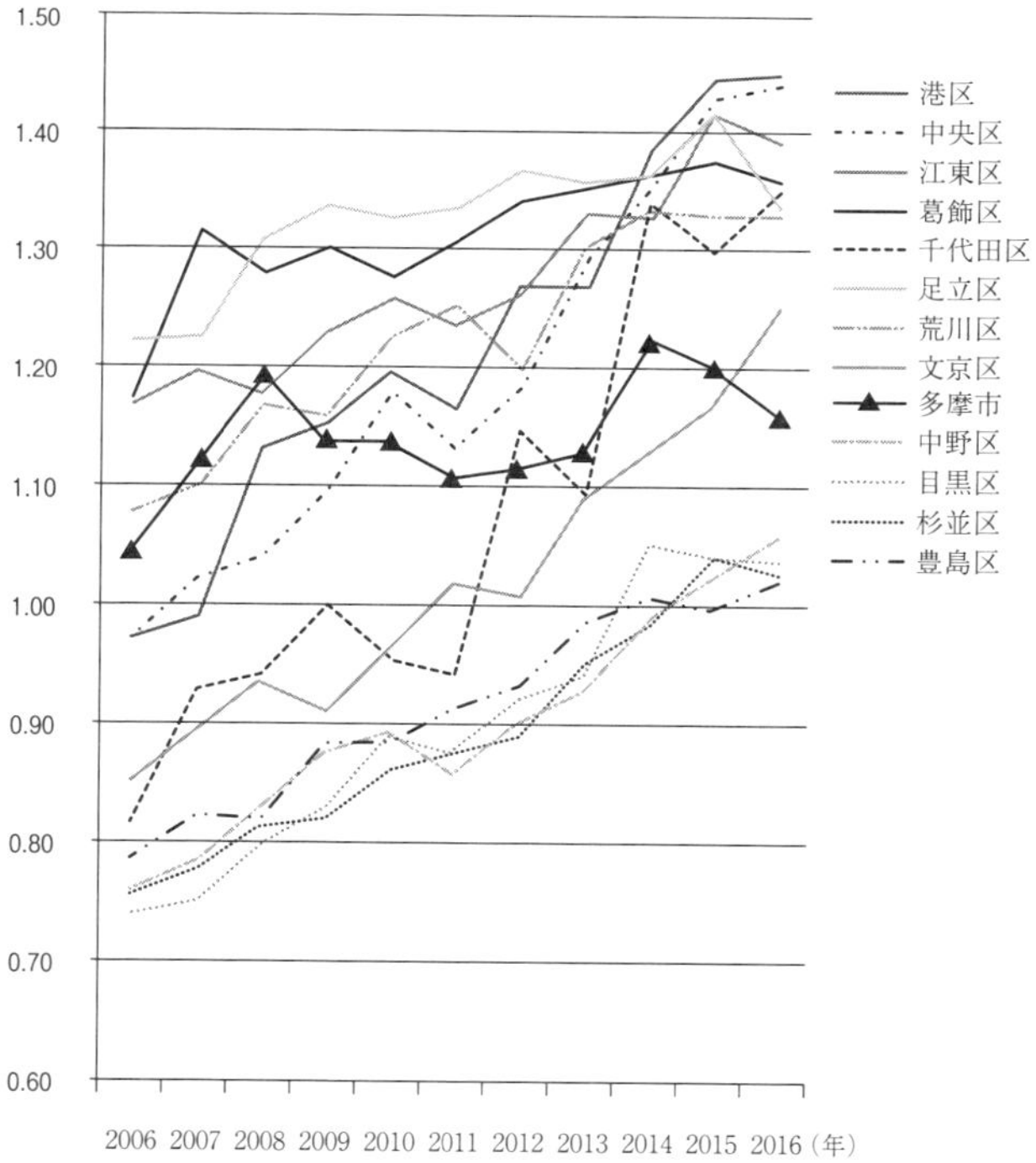

東京都福祉保健局資料より三浦展作成

†多摩市の女性のほうが中央区より有配偶者が少なく就業率が低い

多摩地域も含めて出生数を実数で見ても、八王子市と立川市の出生数を合計すると４９７６人だが、港区と中央区の合計は５０２２人。多摩市、日野市、調布市の合計は４５６９人だが、江東区だけで４６８３人である（図表４−９）。

郊外の出生率が低迷している理由は、30代の人口が減ってしまったことにある。中央区と多摩市はほぼ人口が同じなので、年齢別に人口をグラフにすると違いがよくわかる。１９９５年と２０１７年の人口を比較すると、95年は多摩市が団塊世代も団塊ジュニアもたくさんいて、ほぼどの年齢でも中央区の２倍以上の人口がいた（図表４−10）。

ところが17年は、中央区のほうが25〜44歳にかけてずっと多いし、未就学児も多い。対して多摩市は50代以上が中央区より多く高齢化が目立つ。有配偶女性についても、中央区のほうが多い。かつ出生数も中央区のほうが多いのである（図表４−11、12）。

しかも、中央区と多摩市の女性の就業率を比べると、「主に仕事」という女性は20代から30代前半までは両者に違いはない。しかし30代後半から40代後半にかけては、中央区では「主に仕事」が増えているのに、多摩市では減少する。その後は両者とも減少するが、

23区で出生数が増えているのに八王子、立川、多摩は減少

図表4－9　主な区と多摩3市の出生数の推移

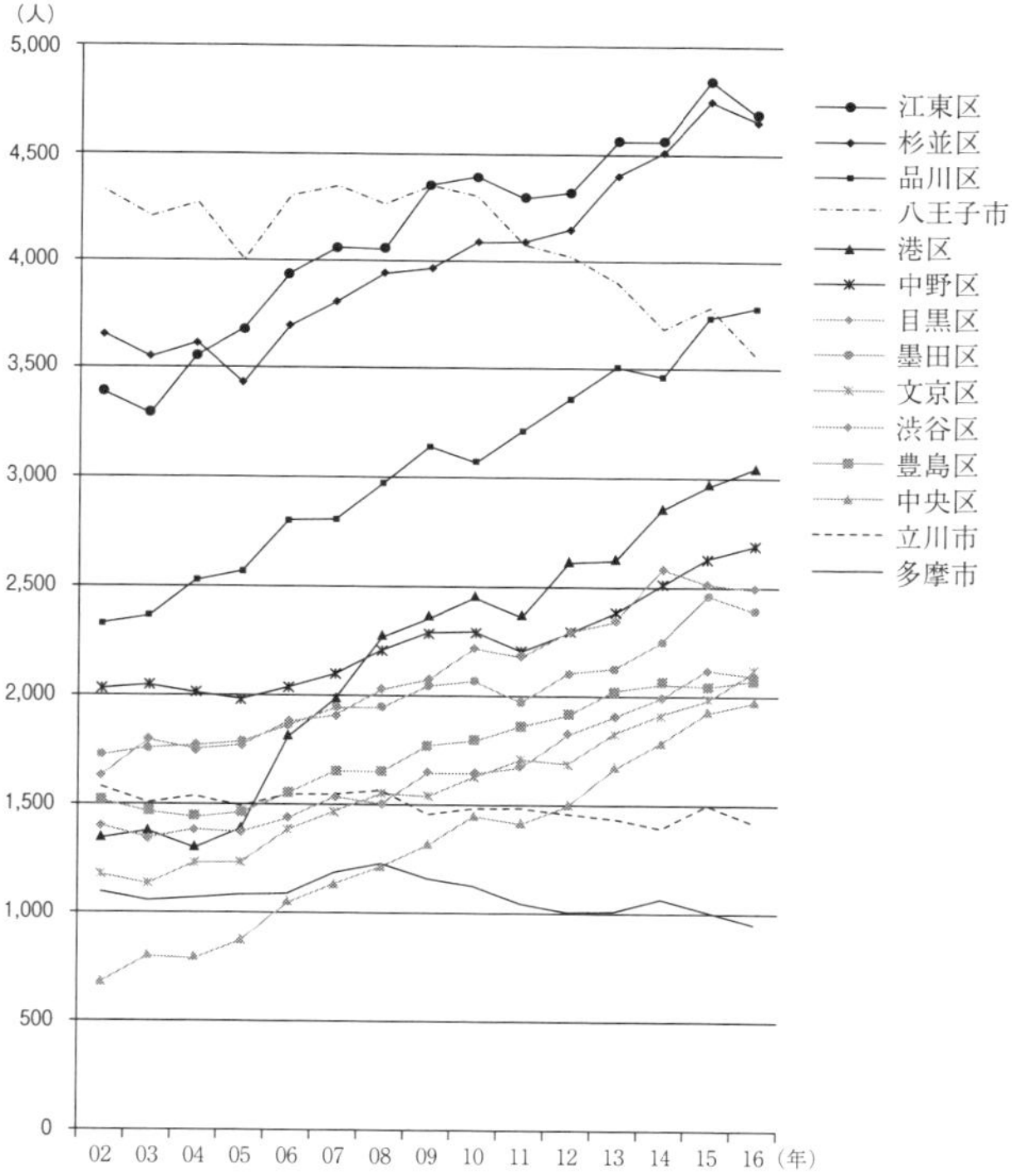

東京都福祉保健局資料より三浦展作成

20年で逆転した中央区と多摩市

図表4-10　中央区と多摩市の年齢別人口（1995年と2017年）

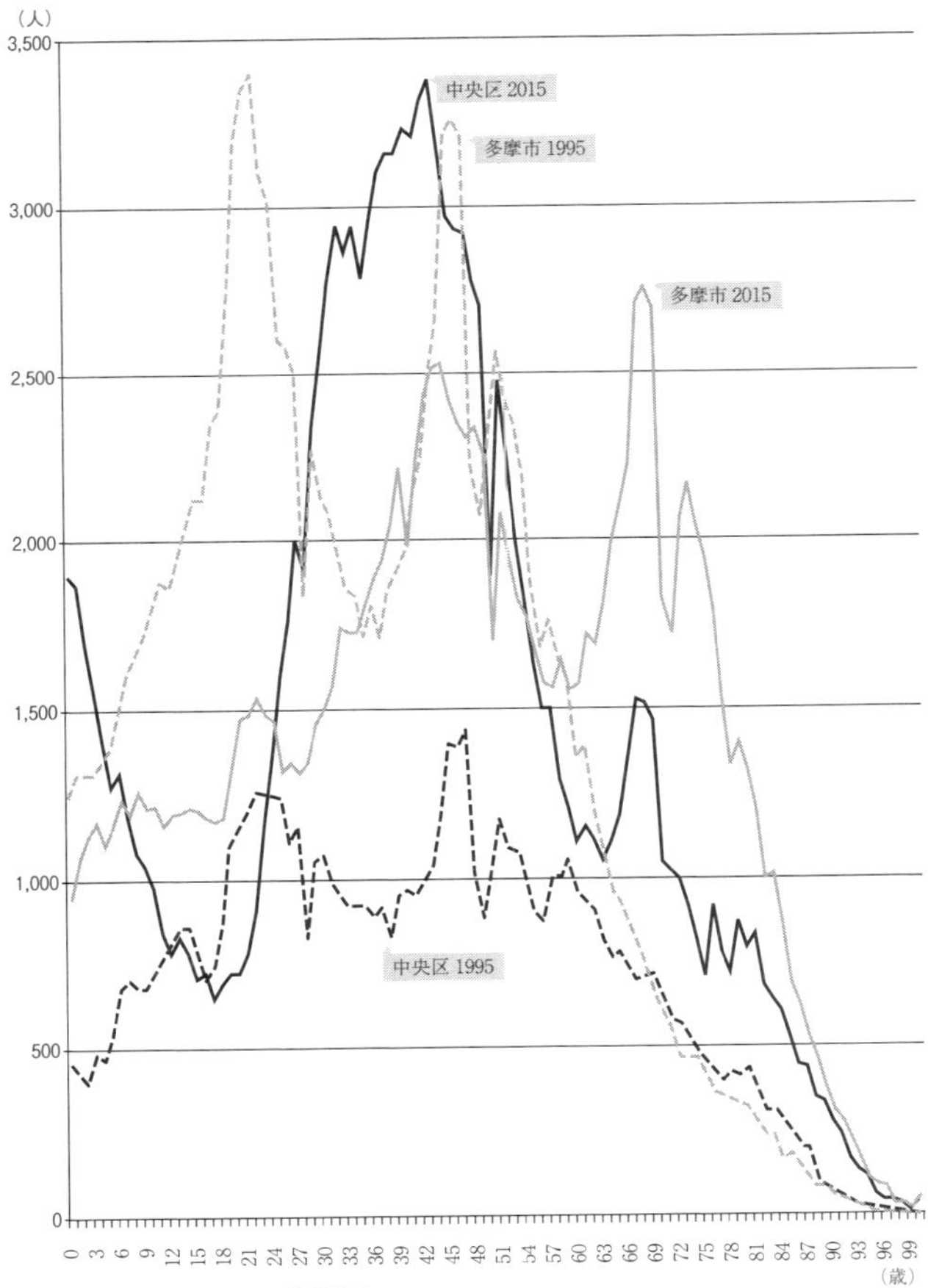

東京都住民基本台帳より三浦展作成

中央区のほうが有配偶女性も出生数も多い

図表 4-11　中央区と多摩市の有配偶女性人口と有配偶率（2015年）

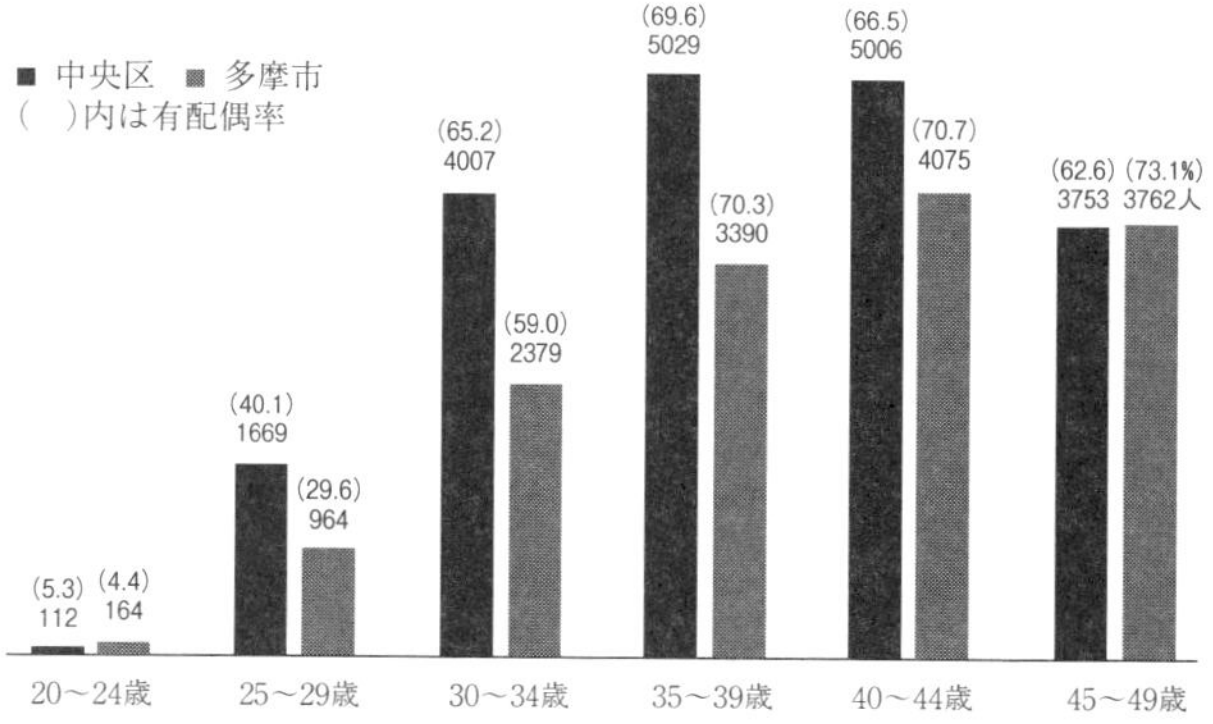

国勢調査より三浦展作成

図表 4-12　中央区と多摩市の母親の年齢別の出生数（2015年）

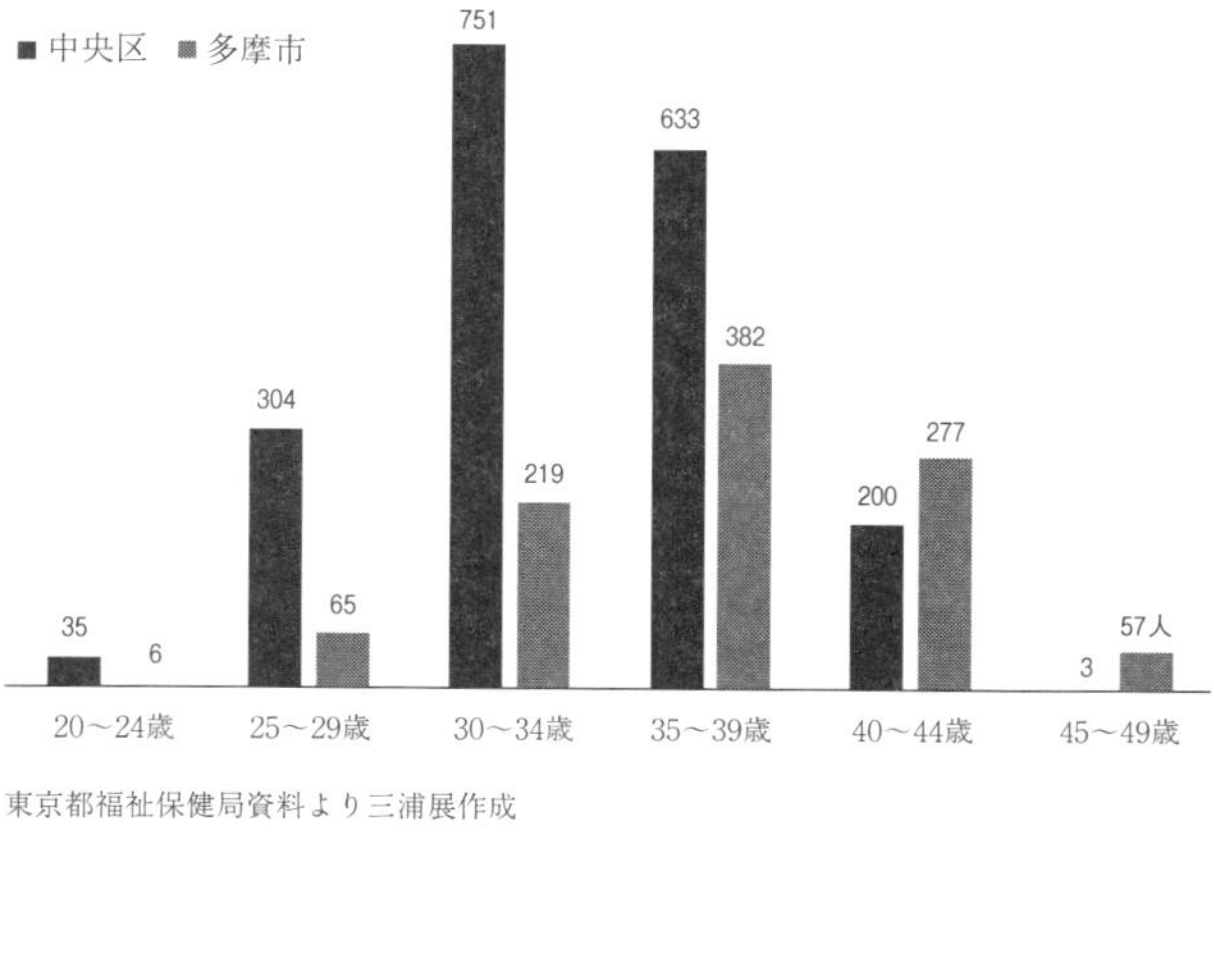

東京都福祉保健局資料より三浦展作成

中央区のほうが35歳以上で「主に仕事」の女性が多い

図表4-13　中央区と多摩市の女性の就業率（2015年）

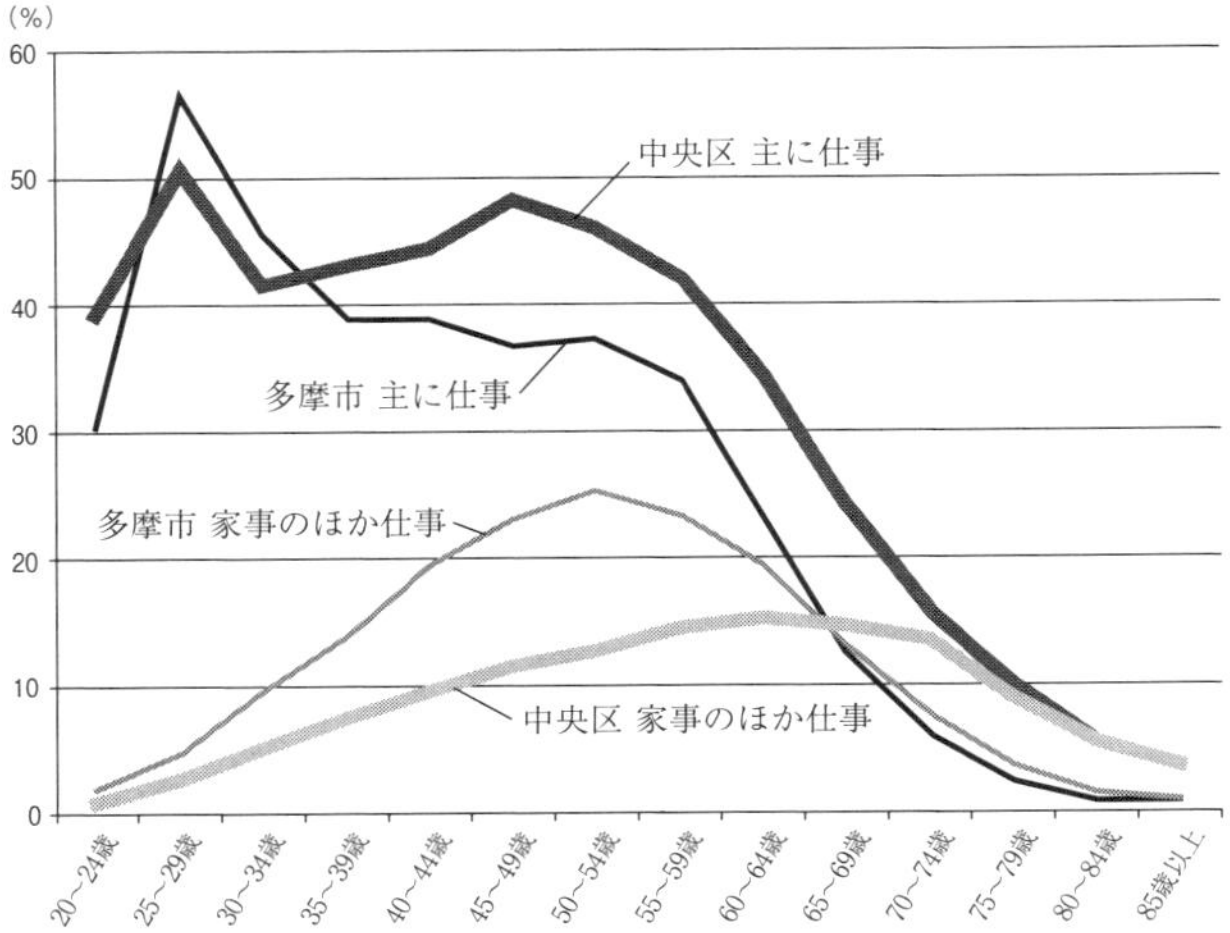

国勢調査より三浦展作成

中央区のほうが「主に仕事」が多い状態は変わらない（図表4－13）。

対して、「家事のほか仕事」は、多摩市のほうが中央区よりも多い状態が60代前半まで続く。つまり多摩市はおそらく女性が家事中心であり、パートなどで働く人が多いということであろう。

このように、中央区のほうが多摩市よりも、30―40代の女性が多く、有配偶女性も多く（かつ有配偶率も25―34歳で高く）、働く女性も多いのに、いや、だからこそ出生数も多いのだ！　逆に言うと、多摩市は有配偶女性が少なく（有配偶率も低く）、働く女性が少なく、出生数が少ないのである。なんだかこれは不思議な現象である。本来郊外ニュータウンは、有配偶女性が多く出生数が多いはずだからだ。

しかも、近年、女性の子育て期年齢の就業率が上がり、M字カーブが克服されたなどと政府は喜んでいるが、「主に仕事」で見る限り、多摩市はM字カーブ克服どころか、右肩下がりである。中央区は「主に仕事」だけでもM字カーブをたしかに克服している。

このように見ると、同じ郊外で育った女性でも、学歴が高く正社員になった女性は、高い所得を得て都心に流出し、正社員男性との結婚のチャンスが増え、実際結婚すると出産のチャンスも多い。「いい会社」に勤めたほうが育児休暇などの福利厚生も充実しているからだ。

他方、学歴が低いか、就職氷河期か、何らかの理由で正社員になれなかった女性は、郊外の親元にとどまり、ますます高い所得を得るチャンスが減り、結婚のチャンスも減り、結婚をしても夫の所得が低ければ子どもを産むチャンスも減る。

極端に言えば以上のような「格差」が同じ郊外出身の女性にも生まれているのかもしれない。この点については私は未研究なので、検証は今後の課題としたい。

†都心集中から見える郊外の課題

多摩市などの郊外は、専業主婦を前提としてつくられており、現代の高学歴化し、就業意欲の強い女性が働きたくなる勤め先が近くに少ない。もちろん都心勤務するには通勤時間が長い。つまり郊外の中で女性が稼ぐチャンスが少ないのだ。

こうした問題を解決するには、通勤時間の短縮、通勤混雑の緩和、駅前保育やサテライトオフィス、在宅勤務の推進、周辺地域も含めた魅力的な雇用の創出と市民の起業など、様々な施策が総合的かつ迅速に行われることが必須である。たとえば多摩ニュータウンなら多摩市内のみならず、立川、八王子、調布駅周辺に多様な雇用を大量に増やすのだ。

実際これだけ少子化が進んでしまったのは、郊外自治体やURや東京都としても無策が続いたとしか言いようがない。埼玉県の鳩山ニュータウンのある鳩山町は合計特殊出生率が0・78にまで落ちているが、池袋までバスと電車で80—90分と遠いから仕方がない面はある。だが多摩ニュータウンは新宿まで急行で30分ほどであるにもかかわらず、合計特殊出生率が1・16とは下がりすぎだ。よほど子育て世代に魅力がないのだろうか。そもそも郊外ニュータウンというものが、時代遅れの過去の遺物になってしまったのだ。

第５章

郊外に可能性はあるか？

——ジェンダーから見た都心集中

1 新しい「住宅すごろく」が必要だ

†都心の人口増加が終わったら次はどこか?

第3章、第4章で見たように、2000年以降、中央区、港区、江東区を中心に、都心とその周辺での住宅供給が盛んとなり、働く女性、子どもがそれらの地域で急増し、かつ出生数も伸びている。

だが、都心の人口の伸びは、現状のトレンドを伸ばしただけの人口問題研究所の推計とは違って、おそらく2025年あたりから鈍化するか、減少するだろう。それに代わって、第2章で述べたように、23区の中でも足立区、葛飾区、北区、板橋区などの東北部の近郊地域や、杉並区でも現在停滞している西武新宿線沿線で新たな住宅供給が行われ、人口を伸ばすのではないかと私は推測している。

そしてもちろん23区外の郊外においても、やる気があって条件の揃った郊外住宅地は、人口の伸び悩みや減少から脱して、一定の人口増加を達成できるだろう。乱開発されて住環境も悪く交通の便も悪い郊外はもはや将来性はないが、計画的に開発されて環境も良く交通の便も悪くはない郊外であれば、今後の施策次第で人口増加をさせることができるはずだ。しなかったら無能無策だったというだけのことである。

特に多摩ニュータウンは、国家の一大プロジェクトなのだから、このまま人口減少させて巨大な廃墟になるのがいいとは私には到底思われない。だが、もしこのまま高齢化し、子育て世代が減り、衰退ニュータウンになっていくとしたら、高度成長期という一時代のためだけにつくられただけの地域だということになってしまう。それでは炭鉱の町や重化学工業時代の工場街と同じである。時代が変われば人がいなくなってしまうのだ。

果たしてそれでいいのか。土地を強制収容してまで開発したニュータウンが、できてから50年でおしまい、でいいのか。「都市計画の教科書」とも言われるが、「教科書どおり」とは「つまんねぇ」の代名詞でもある。他方では「人間実験場」とまで言われたニュータウンなのだから、今後も様々な「社会実験」をしつづけ、成熟したニュータウンの教科書となるべく努力するべきだ。

†多摩センターにはタワーマンションを建てるしかないか

なぜ、近年ニュータウンは人気がないのか。理由はいくつかある。まずニュータウンというのは駅前に商業があって、駅から遠いところに戸建て住宅がある、というのが原則だ。これは男性だけが都心に通勤していた時代の遺物のような計画である。

しかし今後はもっと駅前に住宅を供給するべきだ。多摩ニュータウンの多摩センター駅なら、駅から数分圏内にイトーヨーカ堂や京王プラザホテルやパルテノン多摩とか、家電量販店とか郵便局とかココリア多摩センターという元々そごうだったがすぐにつぶれて雑居ビルとなったビルがある。こんな便利なところに住宅がないのだ。

だから、そういうものの上にすっぽりタワーマンションをかぶせる。パルテノンの裏手の公園のまわりもタワーマンションを建てる。多摩センター駅や多摩モノレールの駅の上にも建てる。もちろん多摩センター駅北口にもがんがん建てる。

そうすると、駅から徒歩1分から10分の範囲内にタワーマンションが20本くらい建てられるはずだ。最大で夫婦が2万世帯、子どもを2人産めば8万人の人口が増やせる。

それくらいしか多摩ニュータウンに子育て世代を引き込む手はないだろう。駅から5分以内のマンションは即完売まちがいなし。パルテノン裏手の公園を見下ろすマンションも即完売だろう。

多摩センター駅前にはまだまだ開発余地がある

†ニュータウン再生は団塊ジュニア世代によって

私はどちらかといえばタワーマンション嫌いだが、多摩ニュータウンの少子化を早く止めるにはタワーマンションは必須だろう。これは半分本気、半分反語的に言っているのだ。50階建てとは言わないが、25階建てくらいはたくさん必要だ。

どうせ人工的なニュータウンで、駅前には大型の商業施設があるだけだから、神楽坂のように古い街並みが壊れるとか情緒がなくなるということは全然ないし、緑豊かな戸建て住宅地の景観を壊すこともない。

もちろん豊洲みたいにグリッド状の土地にただマン

せっかくの公園のまわりにもう少しマンションがあってもいい

ションが並ぶだけでは能がないし、都市計画家たちも納得しないだろうから、タワーマンションでありながら良い景観をつくり出すような工夫は必要だ。設計は郊外世代である団塊ジュニア以降の建築家に任せるべきだ。今のニュータウンが理想の都市だと信じて疑わない旧世代の都市計画家や建築家には退場してもらうしかない。

　そうやって建てたマンションの1階は保育園、幼稚園、小学校にする。子どもは公園で遊べばよい。公園を再整備すれば校庭もできる。ニュータウン内の高齢者のための老人ホームや医療機関もタワーマンションの中に入れる。

†新しい住宅すごろく

高齢者が住んでいた団地は今後ますます空き家が増えるが、そこにはオフィスや店舗を入れる。シェアオフィスやコワーキングスペースにする。親は子どもを同じマンションの中の保育園に送っていった後に、駅から都心に通勤することもあるが、マンションから少し歩いて団地の中のオフィスや店舗で働くという人も増やしていく。オフィスは都心よりもはるかに安い家賃で入居できるから、ベンチャー企業などのスタートアップには最適だ。安い家賃は、趣味を生かしたお店を開くにもふさわしい。大手のチェーン店を入れるのではなく、市民自身が開きたい店を開いてもらうのだ。現代の就業志向の強い女性であっても、子どもが小さいうちは家の近くで働きたいという女性は多い。

だから家の近くの住宅地の中で、エステサロンでもネイルサロンでもパン屋でも花屋でも学習塾でもパソコン塾でもマーケティング会社でも建築事務所でも何でも開けるようにすればよい。高齢者が増えるのだからマッサージや針灸の店は駅前よりも住宅地の中にあるべきだ。

何もパチンコ屋を開けと言っているのではない。住宅地の静かさを阻害せず、むしろ住宅地の価値を高めるようなお店はいくらでもある。騒音がうるさい工場を入れるべきではないが、今どきの工場は騒音が出ない業種も多い。それなら認めるべきだ。住宅地の中心ではなく、はずれのほうだったらスナックでもバーでも認めるべきだ。それで何か問題があるか。ない。夜の娯楽はこれからの郊外に必要だ。

そしてスタートアップに成功し、従業員をたくさん雇えるほどになった会社は、本社を駅前のオフィスビルに移転することもあるかもしれない。これこそが郊外ニュータウンの新しい「住宅すごろく」であるべきだ。

かつての住宅すごろくは、独身時代に間借り、少し給料が増えてアパート、結婚して子どもができると郊外の団地、子どもが大きくなったらさらに遠い郊外の庭付き一戸建てで上がりだった。

しかし今、郊外生まれ、郊外育ちの世代にとっては、そんな段階的なプロセスはなく、いきなり都心のタワーマンションに引っ越して上がりになっているかのようである。なんだかつまらない話である。

それとは別に、郊外で、自宅やシェアオフィスで子育て世代や定年後のシニアが起業し、会社を発展させ、郊外駅前のオフィスに移転するというのも一つの上がりになるべきではないか。

実際私が最近取材した東京都町田市玉川学園のある30代の主婦は、起業して自宅の2階をオフィスにし、20名の主婦を雇っている。企業からデータ処理などの仕事を受注して、主婦が家事の空いた時間に仕事をするのである。彼女は子どもが4人もいるが、自宅だからそういう仕事ができるのだし、働きに来る主婦たちも家からすぐの場所に住んでいるので、とても効率的に働けるという。

拙著『東京郊外の生存競争が始まった!』（光文社新書）で書いた流山市の例でも、30代の子育て期の主婦が起業し、かつ同じような主婦を起業させるセミナーを開き、はたまた駅前の店舗を有名企業のオフィスにして、市内の主婦を雇っている。まさに新しい住宅すごろくの実現である。こうした事例を郊外のいたるところで増やさないといけない。

†郊外の夜に明るさと娯楽と安心を

また、若いニュータウン住民に、ニュータウンは店が駅前にだけあり、住宅地の中にないから不便だし、夜は暗くて不安だという声を私は実際に聞いたことがある。それはやはり、男性だけが都心に働きに行き、夜中に帰宅するのも男性だけだという街づくりをしてきたからである。夜になれば母親と子どもは家にいるという前提である。もっというと、女性が四年制大学に入って、夜遅くまで勉強してから帰宅することさえ前提されていない。

現在は女性も高学歴化し、働くのだから、女性が夜も過ごしやすい、働きやすい街をつくらなければ、学歴も年収も高い女性ほど都心に出てしまうのだ。子どもも夜中まで塾に行くのだし、夜でも安全で楽しく歩ける（ウォーカブルなwalkable）まちづくりが求められるのである。

女性は安心安全で、職場に近く、消費や文化にも近いところに住みたがるということは第3章で見た通りである。駅前にだけ店をつくるのではなく住宅地の中に、団地の空き家を利用してオフィスや店舗をつくる。それらの明かりが街路に即して夜も灯っている。そういう町を歩きながら帰宅すれば安心だし、楽しいのだ。

筑波大学の渡和由《わたりかずよし》先生は、私と一緒に『吉祥寺スタイル』（文藝春秋）という本を書いたが、そこで、吉祥寺のストリートに夜でも明かりの灯る店が並んでいることが、消費生活面で楽しいだけでなく防犯面でも役に立っていることを指摘している。吉祥寺が住みたい街でありつづけている理由の一つがそれなのだ。

†住みたい街は働きたい街

また、オフィスや店舗があるということは、勤め先にも多様性をもたらす。やはり『東京郊外の生存競争が始まった！』に書いたが、住みたい街、特に女性が住みたい街として選ぶ街は、多様で豊富な雇用のある街である。

銀行の窓口事務も不動産業の営業もしゃれたブティックやカフェやパン屋の店員もできる街なら、その街で働きたいという女性が増え、その街か、その近くの街に住みたいと思うわけだ。スーパーのレジくらいしか仕事がない街では住みたくないのである。

つまり郊外はこれから楽しく働ける（ワーカブルなworkable）街であることが求められるのだ。

いま子育て期の東京の30代の女性なら、大学進学率は5割、地域によっては6割、7割だ。そういう女性にはそれに相応しい雇用がなければ、住む街として選ばれないのである。

ところが郊外住宅地は、女性は専業主婦かパート主婦であるという前提でつくられてきた。だから現代の女性は住みたくないし、都心に出て行ってしまうのだ。

2 子育て世代のUターンを増やせるか

†郊外再生したければ、もう後はない

このような観点から、住宅地や団地の中に働く場所や店舗を入れるべきだと、私は過去15年間主張してきたつもりだ。しかしまったく力不足でなかなかそういう郊外住宅地はまだできない。

自治体職員もUR職員も鉄道事業者職員も、私の話を聞くと、なるほど目から鱗が落ちましたと言ってくれるが、目から鱗が落ちたくらいでは街はすぐには変わらない。せっかく落ちた鱗も3日後にまた元通りにべったり生えてくるからだ。

自治体、URの職員などには、本当に郊外の人口減少をどうにかしたいなら、もっと本気で組織ごと変わって欲しい。住宅地の中に店やオフィスが作れないなどという近代主義的都市計画思想を捨てて欲しい。そういう法律は変え、規制を緩和するべきだ。

それでもようやく何とか市民の中から兆しは見えてきた。杉並区でも豊島区でも所沢でも座間でも鳩山ニュータウンでも、さきほどの玉川学園や流山でも、何かが動き始めている。そういう新しい動きをまとめた本を私はこれから書く。また、郊外も捨てたもんじゃない、なかなか面白い歴史があるぞ、という本もさらに書くつもりだ（HOME'S PRESSに連載中）。だから、というのも何だが、自治体やURや鉄道事業者には本当に本腰を入れてほしい。そうでないとあなたがた自身の仕事自体がいずれなくなって、みんな失業しますよ。

それから、多摩ニュータウンなどの本来は良好だったニュータウンは、住民の学歴も意識も高い。だから今後の郊外の課題に対処できるという話をよく聞く。たしかにそういう面もある。

だが「意識高い系」の市民が多すぎてうまくいかないこともある。船頭が多すぎて船が山に登るということわざの通りだ。意識は高いが頭が硬いとこれからの郊外の課題には対応できない。従来の図式を一旦捨てて柔軟な心で考える必要がある。

†都心から郊外に戻る子育て世代も少なくない

もちろん、出生率が高い自治体というのは、そこで出生届を出す人が多いということであり、子どもが生まれてからもずっとそこに住んでいるとは限らない。子どもが生まれてからは、都心ではのびのび育てられない、家賃が高いなどの理由から、郊外育ちの世代が、都心から郊外にUターンしてくることは多いそうだ。私の知り合いにも何人かそういう団塊ジュニアがいる。親元で育児を協力してもらえるし、親の老後も気になるという理由もある。

郊外には計画的につくられた多摩ニュータウンのようなところもあれば、乱開発されただけのところもあり、一概に言えないが、よく整備されたニュータウンは、緑が豊富で、公園も多く、学校のグラウンドも広いなど、子育てには適している。

そこで、生まれた子どもがそのまま生まれた自治体に住み続けるのかを試算してみた。図表5-1は、2002年から2016年までの自治体ごとの出生数の合計（A）と、2017年1月1日時点の0―14歳の人口（B）を示している。

2002年から16年に生まれた子どもがそのままその自治体に住み続ければ、出生数の合計と0―14歳の人口は同じになるはずだ。

そして0―14歳の人口の合計のほうが多ければ、生まれた子どもの他に、他の自治体で生まれてから転入してきた子どもがいるということである（Cがプラス）。0―14歳の人口のほうが少なければ、生まれてから転出した子どもがいるということである（Cがマイナス）。もちろん現実には、まったく同一の子どもが住んでいることにはならず、転出入もあるが、ある程度の指標にはなる。

そういう視点で見てみると、23区のうち、千代田区、文京区、江東区、世田谷区、荒川区はプラスだが、他の区はすべてマイナス。中央区と港区もマイナスである。つまり、生まれた子どもが転出する自治体であると推測できる。

対して三多摩の各市は、ほぼすべてプラスである。CのAに対する割合を子どもの「残存率」と定義すると、武蔵村山市、町田市、稲城市、清瀬市、八王子市で高く、多摩市も9・3％プラスと良いほうだ。他の自治体で生まれた子どもが引っ越してくる自治体であるということである。

こうしてせっかく戻ってきた子育て世代が、やっぱり戻ってよかったなと思えるようにすること、郊外だから専業主婦、パート主婦でしか生きられないのではなく、正社員としても、在宅勤務、ワークシェアリング、サテライトオフィスなどをフル活用しつつ、多様な世代の男女が多様な働き方で働き続けやすい街をつくることが今後の郊外には絶対に重要である。

	【A】2002年から2016年までの出生数の合計	【B】2017／1／1における0-14歳の住民基本台帳人口	【C】差（B－A＝C）	残存率（C／A）
八王子市	61,386	68,371	6,985	11.40%
立川市	22,421	22,458	37	0.20%
武蔵野市	16,425	16,743	318	1.90%
三鷹市	22,360	23,311	951	4.30%
青梅市	15,188	15,587	399	2.60%
府中市	34,113	35,097	984	2.90%
昭島市	14,050	14,226	176	1.30%
調布市	29,443	28,993	－450	－1.50%
町田市	47,499	55,743	8,244	17.40%
小金井市	14,408	14,396	－12	－0.10%
小平市	23,687	24,763	1,076	4.50%
日野市	22,947	23,947	1,000	4.40%
東村山市	17,874	18,590	716	4.00%
国分寺市	14,281	14,716	435	3.00%
国立市	8,541	8,797	256	3.00%
福生市	7,542	6,279	－1,263	－16.70%
狛江市	9,448	9,367	－81	－0.90%
東大和市	11,189	11,491	302	2.70%
清瀬市	8,312	9,431	1,119	13.50%
東久留米市	13,182	14,451	1,269	9.60%
武蔵村山市	8,706	10,438	1,732	19.90%
多摩市	16,189	17,687	1,498	9.30%
稲城市	11,613	13,499	1,886	16.20%
羽村市	7,290	7,269	－21	－0.30%
あきる野市	9,756	10,580	824	8.40%
西東京市	23,610	24,677	1,067	4.50%

東京都福祉保健局資料、住民基本台帳より三浦展作成

都心で生まれた子どもが郊外に戻ってくることも多い

図表5－1　生まれた子どもの残存率

	【A】2002年から2016年までの出生数の合計	【B】2017／1／1における0-14歳の住民基本台帳人口	【C】差（B－A＝C）	残存率（C／A）
千代田区	5,935	7,550	1,615	27.20%
中央区	19,571	19,136	－435	－2.20%
港　区	32,730	32,479	－251	－0.80%
新宿区	31,486	29,279	－2,207	－7.00%
文京区	23,603	25,592	1,989	8.40%
台東区	18,961	17,877	－1,084	－5.70%
墨田区	30,224	28,042	－2,182	－7.20%
江東区	61,975	65,200	3,225	5.20%
品川区	45,638	43,236	－2,402	－5.30%
目黒区	31,473	29,326	－2,147	－6.80%
大田区	83,224	79,776	－3,448	－4.10%
世田谷区	105,154	105,587	433	0.40%
渋谷区	24,892	22,234	－2,658	－10.70%
中野区	33,703	28,482	－5,221	－15.50%
杉並区	60,299	57,557	－2,742	－4.50%
豊島区	26,294	24,855	－1,439	－5.50%
北　区	36,079	35,079	－1,000	－2.80%
荒川区	23,649	24,644	995	4.20%
板橋区	65,211	61,864	－3,347	－5.10%
練馬区	89,316	88,142	－1,174	－1.30%
足立区	80,831	81,885	1,054	1.30%
葛飾区	54,374	54,225	－149	－0.30%
江戸川区	94,976	92,107	－2,869	－3.00%

あとがき

私は40年ほど前、地方から出てきた。入学した大学は三多摩だったから、東京という都市を実感することも、都市について考えるということもなく大学時代を過ごした。当時もし都市を考えるとしたら、都市問題を考えることに他ならなかったのであり、それくらい当時の東京は、まだ空気が汚く、川は汚れ、住環境も貧しかった。

だが今、都市は清潔になり、住環境も整備された。今年は日本初の超高層ビルである霞ヶ関ビルができて50周年だが、オフィスはもちろん住宅も50階建が珍しくない時代になった。都心のタワーマンションに子どものいる家族がたくさん住む時代が来るとは40年前にはまったく想像もしなかった。

大学を出て、就職した会社は都市論、東京論が好きな会社だった。経営者は独自の都市論、東京論を持っていて、そこで私は、都市問題研究ではない、まったく新しい都市や郊外の見方を学んだ。今の私にも、根底においては当時の影響が残っている。だが、その都市論、郊外論には社会学的な観点が不足していたと思う。それを補足するために、私はその後もずっと都市と郊外について考えてきた。本書の末尾部分の都市と郊外のジェンダー論も二十数年前に思いついたものである。

現在都心に相対的に所得の高い若い世代を吸収され、人口減少と高齢化に悩む郊外の問題のいちばんの本質も、このジェンダー問題であると私は考える。簡単に言えば、昔の都市の主役は働く男性であり、女性は郊外の主役であった。都市にとって女性は、男性を補助するか、接待するか、あるいは街で消費をする存在だった。

ところが今や、都市の主役は男女ダブルキャストか、女性優位となってきており、対して郊外は女性が主役を降りて空位時代に入った、という命題が本書の基調である。同時に、外国人という、昔は想定しなかった存在も東京の中で大きな位置を占めるようになったことも重要である。

本書は、企画段階ではもっと別の都市エッセーになるはずだった。ところが企画を練っているうちに例によってデータ満載の、しかも町丁別に各種の人口を見るというオタクな本になってしまった。だが我ながら面白い本になったと思う。編集の藤岡美玲さんにはアイデアと励ましをたくさん頂いた。末尾ながら感謝したい。

三浦　展

二〇一八年四月末

ちくま新書
1338

都心集中《としんしゅうちゅう》の真実《しんじつ》
——東京《とうきょう》23区町丁別人口《くちょうちょうべつじんこう》から見《み》える問題《もんだい》

二〇一八年六月一〇日 第一刷発行

著者 三浦展（みうら・あつし）
発行者 山野浩一
発行所 株式会社 筑摩書房
東京都台東区蔵前二-五-三 郵便番号一一一-八七五五
振替〇〇一六〇-八-四一二三
装幀者 間村俊一
印刷・製本 三松堂印刷 株式会社

乱丁・落丁本の場合は、左記宛にご送付ください。
送料小社負担でお取り替えいたします。
ご注文・お問い合わせも左記へお願いいたします。
〒三三一-八五〇七 さいたま市北区櫛引町二-六〇四
筑摩書房サービスセンター 電話〇四八-六五一-〇〇五三

ISBN978-4-480-07150-7 C0233

ちくま新書

937
階級都市
――格差が街を侵食する
橋本健二
街には格差があふれている。古くは「山の手」「下町」と身分によって分断されていたが、現在もその構図は変わっていない。宿命づけられた階級都市のリアルに迫る。

1219
江戸の都市力
――地形と経済で読みとく
鈴木浩三
天下普請、参勤交代、水運網整備、地理的利点、統治システム、所得の再分配……地形と経済の観点を中心として、未曾有の大都市に発展した江戸の秘密を探る！

1308
オリンピックと万博
――巨大イベントのデザイン史
暮沢剛巳
二〇二〇年東京五輪のメインスタジアムやエンブレムのコンペをめぐる混乱。巨大国家イベントの開催意義とは何なのか？　戦後日本のデザイン戦略から探る。

1059
自治体再建
――原発避難と「移動する村」
今井照
帰還も移住もできない原発避難民を救うには、江戸時代の「移動する村」の知恵を活かすしかない。バーチャルな自治体の制度化を提唱する、新時代の地方自治再生論。

853
地域再生の罠
――なぜ市民と地方は豊かになれないのか？
久繁哲之介
活性化は間違いだらけだ！　多くは専門家らが独善的に行う施策にすぎず、そのために衰退は深まっている。このカラクリを暴き、市民のための地域再生を示す。

1144
地図から読む江戸時代
上杉和央
空間をどう認識するかは時代によって異なる。その違いを象徴するのが「地図」だ。古地図を読み解き、日本の形を作った時代精神を探る歴史地理学の書。図版資料満載。

772
学歴分断社会
吉川徹
格差問題を生む主たる原因は学歴にある。そして今、日本社会は大卒か非大卒かに分断されてきた。そのメカニズムを解明し、問題点を指摘し、今後を展望する。